KB205811

재난과 교회

코로나19 그리고 그 이후를 위한 신학적 성찰

이 책은
코로나19 사태에 처한 한국 교회를 걱정하는
교회들과 동문들의 기부로 제작되었습니다.

재난과 교회

코로나19 그리고 그 이후를 위한 신학적 성찰

초판 1쇄 인쇄 | 2020년 4월 1일
초판 1쇄 발행 | 2020년 4월 9일

책임편집 박경수 이상억 김정형
펴낸이 임성빈
펴낸곳 장로회신학대학교 출판부

등록 제1979-2호
주소 04965 서울시 광진구 광장로5길 25-1(광장동 353)
전화 02-450-0795
팩스 02-450-0797
이메일 ptpress@puts.ac.kr
홈페이지 http://www.puts.ac.kr

값 10,000원
ISBN 978-89-7369-455-6   03230

＊이 도서의 국립중앙도서관 출판예정도서목록(CIP)은
서지정보유통지원시스템 홈페이지(http://seoji.nl.go.kr)와
국가자료공동목록시스템(http://www.nl.go.kr/kolisnet)에서
이용하실 수 있습니다. (CIP제어번호 : CIP2020012950)

재난과 교회

코로나19 그리고 그 이후를 위한 신학적 성찰

책임편집

박경수 이상억 김정형

장로회신학대학교출판부

격려사

사회적 거리두기를 넘어서
하나님께 더 가까이

    중국 우한과 신천지 집회로부터 촉발된 코로나바이러스감염증-19 집단감염 확산은 대구·경북을 재난지역으로 선포할 만큼 큰 피해를 남겼습니다. 전국적으로 확산되어 대한민국이 코로나로 몸살을 앓고 우리 사회의 모든 일상이 깨졌습니다. 세계보건기구WHO는 코로나19를 판데믹으로 선포했고, 바이러스가 전 세계로 확산되자 나라마다 국경을 폐쇄하고 있습니다.

    우리 민족은 단합된 힘으로 위기를 극복하며 굳건하게 발전해 왔습니다. 재난의 현장에서 의료진과 방역담당자, 자원봉사자, 그리고 일선 공무원들이 헌신적으로 노력하고 있고, 어린아이로부터 할머니에 이르기까지 온 국민이 구호 물품과 성금 모금에 자발적으로 동참하고 있습니다. 코로나19의 치료약이나 백신이 없는 상태에서 온 국민이 사회적 거리두기로 확산을 방지하기 위하여 불편을 감수하고 있습니다.

한국 교회도 코로나19의 확산방지를 위해서 방역과 예방조치에 적극 협력했습니다. 크리스천에게 예배가 생명이고, 예배는 결코 중단될 수 없지만, 감염병 때문에 부득이 예배 형태를 변경하는 결단을 하였습니다. 주중에는 예배당을 폐쇄하고 주일예배를 온라인예배나 가정 예배로 드렸습니다. 예배당에서 목회자와 소수의 교우만 모여서 예배를 드리고, 대다수의 성도는 가정과 삶의 자리에서 영상으로 예배드렸습니다.

코로나19 이후에 한국 교회나 한국 사회도 변화를 겪게 될 것입니다. 온 세계가 코로나19 이후 시대를 염려하며 대비하고 있습니다. 이번에 장로회신학대학교가 코로나19 시대의 신학적, 목회적, 교육적 성찰을 펴낸 것은 귀한 일입니다. 이런 노력은 한국 교회의 코로나19 극복에 큰 도움이 될 것입니다.

코로나19로 인하여 사회적 거리두기를 하지만 하나

님과의 거리는 더 가까이해야 합니다. 말씀을 읽고 기도에 힘쓰고 주의 사랑을 힘써 실천해야 합니다. 예배공동체의 일원으로 믿음 위에 굳게 서서 생명의 파수꾼 역할을 감당해야 합니다. 하나님의 말씀을 붙잡고 난국을 넉넉히 이겨냅시다. 세상 풍파 앞에 확고한 믿음으로 나아갑시다. 대한민국과 한국 교회를 위해 힘써 기도합시다.

2020년 4월
대한예수교장로회 총회장
김 태 영 목사

발간사

2020년 새해는 인류에게 큰 도전과 과제를 안겨주는 것으로 시작되었습니다. 코로나19로 전국이, 전 세계가 두려움에 잠기고, 갈 바를 몰라 헤매는 것을 지켜보며, 우리 모두는 온 우주를 통치하시는 하나님의 섭리 앞에 한없이 작은 존재임을 인식함과 동시에 잠시 숨을 멈추어 우리 자신을 낮추고 돌아보는 시간을 가졌습니다.

특별히 신앙인들은 예배당 안에서의 예배가 중단되는 초유의 사태를 직면하며 극심한 내적 갈등까지 겪어야 했습니다. 다양한 문화를 겪어 온 여러 세대가 하나의 공통된 사고를 형성할 수 없듯이 '모이는 예배'와 '흩어지는 예배'에 대한 다양한 해석이 한국교회 성도들뿐 아니라 목회자들 사이에서 쟁점이 되었습니다. 또한 우리가 그토록 주장하던 신천지의 이단성과 반사회성을 이제야 세상도 알게 되었다는 안도감도 잠시, 과연 신천지와 기성

교회는 무엇이 다르냐는 가슴 막히는 질문이 한국 교회에 실제로 던져지는 사회현상을 맞이하고 있는 현실입니다.

장로회신학대학교는 재난적 고난을 겪고 있는 사회적 아픔과 교회의 위기 속에서 신앙인들이 위기의 시대를 지혜롭게 극복할 수 있도록 신학적 성찰을 나누어야 하는 사명을 새삼 확인하게 되었습니다. 우리의 주요 관심은 신앙인으로서, 동시에 시민으로서의 재난 상황 안에서의 책임적 응답입니다. 그리하여 장로회신학대학교는 개교 120주년을 준비하며, 이러한 시대적 과제와 요구를 신학적 성찰의 영역에서 감당하고자 엄중한 마음으로 본 책자를 출간하게 되었습니다.

본 책자는 총 2권으로 구성하였습니다. 1권은 '신학적 성찰'을, 2권은 '목회/기관현장'과 사회문화변동의 현장에서 다음 세대를 위하여 진력하는 '교육현장'에서의 성찰을 엮었습니다. 이 책을 통하여 우리가 더욱 신앙인다운 신앙인 됨으로 신학교다운 신학교, 교회다운 교회를 세워가기를 간절히 소망합니다. 희망 없음을 절규하는 이 세상에 그래도 희망 있음을 보이고, 그 희망이 하나님 나라임을 통전적으로 실천하는 우리가 되기를 소망하며 다짐합니다! "나라가 임하시오며 뜻이 하늘에서 이루어진 것 같이 땅에서도 이루어지이다"^{마 6:10}.

개강 연기와 4주간의 온라인 강의라는 낯선 강의 환경에 적응하며 심적 부담이 컸던 기간에 신학대학교가 시의적절하게 교회와 사회에 책임적 역할을 잘 감당할 수 있도록 기꺼이 시간을 내어 헌신하여 주신 집필 교수들에게 깊이 감사를 드립니다. 또한 다양한 목회와 교육현장의 어려움 속에서도 귀한 글을 집필해 주신 현장의 사역자 모두에게 깊이 감사드립니다. 특별히 총회와 함께 협력하여 목회자들과 신학생, 그리도 성도들에게 신학적 진단과 현장의 경험을 나눌 수 있게 됨을 매우 기쁘게 생각합니다. 신학자들의 구체적인 섬김으로 시작된 출간 작업이 큰 나눔으로 확산될 수 있도록 도움을 주신 교회(새문안, 소망, 영락, 온누리, 잠실, 주안, 창동염광)와 동문들의 지혜 모음에 감사를 드립니다. 바라기는 이 책을 통해 다양한 환경의 변화가 우리를 위협할지라도 모든 지각에 뛰어난 하나님의 평강이 우리 모두의 마음과 생각을 지키시기를 기도합니다^{빌 4:7}.

2020년 4월
장로회신학대학교 총장
임 성 빈

머리말

신학은 그 시대를 위한
만나여야 합니다

2020년 벽두부터 코로나바이러스감염증-19^{이하 '코로나}
^{19'}라는 예기치 못한 불청객이 온 세계를 덮쳤습니다. 바
이러스 전염병의 특성상 사람들 간의 접촉과 모임을 최대
한 제한하고 사회적 거리두기가 불가피해지면서 우리의
일상생활이 많은 어려움에 봉착해 있습니다. 학교는 개
학이 연기되고 있고, 얼마 전 개학한 대학들도 당분간 온
라인으로 수업을 진행하고 있으며, 교회에서도 온라인
예배로의 전환이 권고되고 많은 활동이 사실상 중단되면
서 성도들의 신앙생활이 극도로 위축되었습니다. 사회적
으로도 문화 활동은 물론이고 대부분의 기본 생활조차 제

약을 받고 있으며, 심각한 곳에서는 통행과 이동의 자유마저 제한되었습니다. 이런 상황이 우리가 새로운 사고와 방향모색을 하도록 강제하고 있습니다. 어쩌면 코로나19 사태 이후의 신학은 이전과는 많이 달라져야 할지도 모르겠습니다.

신학은 그 시대를 위한 만나여야 합니다. 시대를 초월한 보편적 신학이란 없습니다. 아우구스티누스의 신학이 아무리 훌륭하고 뛰어나다고 하더라도, 오늘날의 생태계 파괴와 인공지능 문제에 대한 답까지 제시하지는 못합니다. 복음은 절대적이지만, 신학은 상대적입니다. 복음은 보편적이지만, 신학은 구체적이어야 합니다. 따라서 모든 신학자는 보편적 복음을 자기 시대의 구체적 상황에 적합성을 가지도록 설명하는 그 시대의 신학자여야 합니다. 신학은 그 시대의 문제들과 씨름하면서, 그 시대의 그리스도인들에게 문제 해결의 방향을 제시하는 나침반의 역할을 해야 합니다. 이것이 이 책의 출발점입니다. 본서는 코로나19로 어려움에 봉착한 교회와 성도를 위해 신학자로서 할 수 있는 일이 무엇일까를 고민한 끝에 나온 작은 열매입니다. 부디 이 작은 책이 교회와 성도를 위로하고 먹이는 만나와 같은 양식이기를 바랍니다.

본서는 '교회를 위한 신학'이 되어야 한다는 장로회신학대학교의 기본 정신에 따라 코로나19에 대한 신학적 성찰을 제공하려는 취지로 기획되었습니다. 재난을 당한 교회와 성도들에게 작은 도움이라도 되기를 바라는 마음으로, 현재 장로회신학대학교에서 학생들을 가르치고 있는 13명이 이 일에 동참하였습니다. 옥고를 기고해 주신 모든 분에게, 특별히 이 일의 필요성을 누구보다 먼저 제기하고 결실이 있기까지 여러모로 격려해 주신 임성빈 총장께 감사를 표합니다. 임성빈 총장은 재난에 대한 다양한 관점에서의 해석을 소개한 후에, 교회가 어떻게 그 재난 상황에 대응해야 하는지 또 코로나 사태 이후 교회의 방향성에 대해 고찰하였습니다. 배희숙, 김태섭은 성서학자의 입장에서 각각 구약성서와 신약성서에 나타난 질병과 재난에 대해 고찰한 후에, 예배와 하나님 나라의 관점에서 이번 코로나19 사태를 바라보았습니다. 박경수는 16세기 종교개혁자들이 흑사병에 대해 어떻게 해석하고 대처했는지, 안교성은 한국교회가 재난이라는 도전에 어떻게 응전했는지를 살핀 후에, 오늘 우리가 어떻게 해야 할 것인지를 제안하였습니다. 백충현은 재난 가운데서 '하나님 어디에 계십니까?'라는 신정론의 문제를 다루었고, 김정형은 코로나 사태를 계기로 한국교회가 극복해야 할 폐해가 무엇이며 또 지향해야 할 가치가 무엇인지를 성찰하였습니다. 이창호는 이번 사태를 통해 교회가 사랑과 정의를 실천하는 공동체로 거듭나야 함을 강조하였습니다. 박보경은 코로나19로 인해 대구에서 겪었던 가족의 아픔을 실존적으로 고백하면서 사랑과 선행을 격려하고 실천해야 할 그리스도인의 의무를 일깨웠습니다. 최진봉은 재난 상황에서 교회의 예배와 목회적 돌봄에 대한 구체적이며 실천적인 내용을 제안하였고, 이상억은 재난을 당한 사람들을 위한 목회상담적 해석을 제시하면서 영적 자기 관리와 정서 관리의 중요성을 강조하였습니다. 영성신학자인 김경은은 본보기가 되는 영성가들을 소개하면서 자신을 내어주는 사랑과 기도로 제자도를 실천할 것을 제안하였습니다. 신형섭은 위기의 한복판에서 오히려 미래의 교육목회 생태계를 대비한 혁신을 시도할 것을 제안하였습니다. 부족하고 단편적인 성찰이지만, 목회자와 신학생 그리고 성도들이 자신의 삶에 잘 적용하여 어려운 때를 이길 수 있는 힘을 얻게 된다면 저자들에게 이보다 더 큰 기쁨과 보람은 없을 것입니다.

"범사에 기한이 있고 천하만사가 다 때가 있다"_{전 3:1}

고 하셨으니, 분명 코로나19도 지나갈 것입니다. 하나님
의 은혜로 이 고난의 때가 속히 지나가게 되기를 간절히
구합니다. 이제 신학은 '포스트 코로나'를 대비해야 할 의
무와 책임을 지니게 될 것입니다. 코로나19의 근본적인
원인이 무엇인지, 교회는 어떤 공동체인지, 예배의 본질
이 무엇인지, 악의 실체가 무엇인지, 하나님의 주권과 인
간의 책임의 한계는 어디까지인지, 재난을 당한 사람들을
어떻게 위로해야 하는지, 복음의 본질을 우리가 사는 세
상에 어떻게 번역해야 할 것인지 등 수많은 새로운 질문
과 맞부딪힐 것입니다. 장로회신학대학교와 교수들은 혼
돈의 시대에 그리스도인이 마땅히 가야 할 길을 제시하고
갈급한 영혼에 매일의 양식인 만나를 제공하는, 바로 이
시대를 위한 신학을 위해 고민하며 분투하겠습니다. 사
랑하는 동역자들의 지도와 격려를 부탁드리며, 여러분의
기도 가운데 저희를 기억해 주시기를 간곡히 청합니다.

2020년 4월
편집인을 대표하여
박 경 수 교수

차례

재난과 사회변동, 교회의 역할

임성빈

장로회신학대학교 총장 ｜ 기독교와 문화

이 글은 역사적 대재난으로 알려진 리스본 대지진[1755]과 이에 대한 다양한 해석과 사회적 반응을 살피며, 오늘 우리 시대에 교회가 감당해야 할 책임적 응답의 방향을 모색하려는 의도에서 시작되었습니다.

역사적 재난, 리스본 대지진으로부터

1755년 11월 1일, 그날은 가톨릭교회의 엄숙한 축일인 만성절이었습니다. 신자들이 리스본 성당에 빈틈없이 들어찬 9시 40분, 대지진이 리스본을 강타하였습니다. 이 지진으로 인해 리스본에서만 3만에서 4만 명이 목숨을 잃은 것으로 추정됩니다. 당시 리스본은 당대 유럽에서도 손에 꼽을 정도로 독실한 가톨릭 신앙을 가진 도시였습니다.[1] 그러나 지진이 난 이후로 리스본의 대형 교회들은 모두 파괴되었습니다. 폐허가 된 도시, 그중에서도 수많은 피해자를 낸 성당과 종교재판소의 붕괴는 거의 정교일치 사회라고 할 만한 포르투갈 사회의 종교적 신념과 권위를 뒤흔들어 놓았습니다. 그렇다면 당시 사람들은 이 재난의 원인을 어디서 찾았을까요? 또한 교회와 사회, 당대 명망 있던 계몽주의 사상가들과 정치가들은 이 대재난에 어떻게 대응했을까요?

재난에 대한 해석과 응답

신앙적 관점에서

신정 일치 사회라 불릴 만큼 가톨릭교회의 영향력이 지대했던 리스본의 대중들은 재난을 인과응보적인 관점에서 보았습니다. 사제들은 '지진은 죄악에 물든 도시에 대한 신의 심판'이라고 주장했고, 생존자들을 '꾸짖으며' 심판을 초래한 죄목을 열거했습니다. 그들의 '탐욕과 방종, 나태, 부패, 그리고 이교적 신앙, 즉 신교도들을 묵인한 약한 신앙심'이 심판을 불러왔다는 것입니다.

이러한 재난 인식은 신앙적 응답으로 '회개'를 요청했습니다. 악한 행실에서 벗어나고 거짓과 오류를 떠나 진리를 분간하고 진리에 매진하라는 것입니다. 교회는 신심과 종교적 헌신의 부족을 재난의 원인으로 꼽은 다음, '명상과 참회기도'에 매진하는 등, 내면 지향적인 태도를 강화하도록 이끌었습니다. 그러나 이런 응답 방식은 현실도피나 반사회적 모습으로 나타남으로써, 교회가 도시 복구나 사회 회복에 기여하지 못하는 집단으로 간주되기에 이르렀습니다.

지역적으로도 멀고 신앙적으로 경쟁 관계에 있던 네

덜란드의 엄격한 칼뱅교도 성직자들도 리스본 지진을 신의 응징으로 해석했습니다. 다만 미신과 우상숭배, 로마 가톨릭 의식에 대한 심판이라는 점에서 심판의 원인을 달리 봤습니다. 영국의 웨슬리는 『리스본 지진에 대한 고찰』이라는 소책자에서 신이 리스본을 심판하신 것은 잔인한 종교재판소에서 사람들을 비열하게 살해한 데 대한 응징이라고 해석했습니다. 이런 종교적인 해석은 모두 하나님이 살아계신 걸 전제하고, 재해의 원인을 단순한 '자연현상'으로 돌리는 것을 신성모독으로 보았습니다.

철학적 관점에서

'신앙의 도시'인 리스본에 재앙이 내렸다면, 왜 '방탕한 파리'나 '탐욕스러운 런던'에는 아무런 재난이 일어나지 않은 것인가? 종말론적 심판론이나 이신론적 낙관론은 상당한 타격을 받았습니다. 당시 불과 6살 소년이었던 괴테도 리스본 재난의 이야기를 듣고 '천지의 창조주이시며 전능하신 주님'을 고백하는 사도신경과 자비로운 하나님에 대한 신앙에 큰 의문을 가졌을 정도였다고 합니다.

계몽주의자 볼테르[1694-1778]에게 리스본 대지진은 이 세계가 아름답고 선한 세상이 전혀 아님을 보여주는 사건이었습니다. 이 세계는 신정론이 주장하는 조화로운 세계가 아니었던 것입니다. 선이 악을 이기는 것이 아니라 현실에선 선이 악에 무너졌습니다.[2] 임마누엘 칸트[1724-1804] 역시 전통적인 신정론, 즉 재앙이나 자연재해가 인간의 죄에 대한 하나님의 심판이거나 하나님의 계획이라는 신학을 반대하였습니다. 그는 〈신정론에 있어서 모든 철학적 시도들의 실패에 관하여〉라는 글에서 신정론의 기본 전제를 조목조목 비판합니다. 칸트는 특히 신정론을 통해 인간의 고통의 문제를 해결하려는 모든 시도가 불가능할 뿐만 아니라 비도덕적인 것이라고 말합니다. 칸트는 신정론이 자연악과 도덕악을 구분 없이 사용하고 있다고 말하면서, 자연악과 인간이 저지른 도덕적 행악 사이에는 연결고리가 없음을 주장했습니다.

사회과학-자연과학적 관점에서

루소의 해석은 재난을 사회과학적 관점에서 해석한 최초의 글로 평가됩니다. 『인간불평등기원론』의 저자 루소는 "6층, 7층 건물을 2만여 채나 건축한 것은 자연이 아닙니다. 리스본 주민들이 그렇게 밀집된 지역에 살지 않고 넓은 지역에 고루 퍼져 살았더라면 지진 피해는 훨

씬 덜 하거나 거의 없었을 것입니다."라고 말했습니다. 그는 엄청난 사망자 수의 사망자가 생긴 것이 모두 인간의 어리석음에서 기인했다고 주장했습니다. "원래 … 자연은 인간의 법을 따르게 마련이지 않을까요? 지진을 막기 위해 우리가 해야 할 일은 바로 그곳에 도시를 건설해야 하는 게 아닐까요?" 이러한 루소의 주장은 사회적으로 상당 부분 긍정적으로 수용되었으며 이후 지진에 대한 자연과학 연구가 활발히 전개되었습니다.

사람들은 지진을 자연현상으로 생각함으로써 큰 위로를 얻을 수 있었습니다. 종교적으로 죄인이라 매도되는 사람들도 과학적 설명에 따르면 그저 자연재앙의 희생자일 뿐입니다. 율법주의적 종교는 죄의식을 더하지만 과학적 설명은 피해자들이 그저 운이 나빴을 뿐이라고 다독입니다. 또한 기도와 명상 등 종교의 울타리 안에 머물게 했던 회개하라는 부르짖음보다는 죄의식과는 상관없이 책임 있게 재건 활동에 참여하라는 호소가 더욱 대중적 설득력을 갖게 되었습니다. 율법주의적 관점에서 죄와 심판을 강조하는 종교 교리가 저주와 구원이라는 수사학으로 생존자들을 움츠러들게 하였다면, 과학은 자연의 원리를 설명함으로써 죄의식에 메여 있던 대중을 해방시

컸습니다.

정치적 관점에서

정치가들은 바로 이런 해석에 주목하였습니다. 당시 포르투갈의 총리였던 카르발류와 같은 이들은 정치적 이유로 재난 해석을 둘러싼 논쟁에서 이성에 근거한 계몽주의가 종교적 반계몽주의를 꺾고 승리해야 한다고 생각했습니다. 그는 율법주의적 종말론과 심판론에 길들여진 대중에게 이성적으로 지진이라는 자연현상임을 설명함으로써, 도시 회복이라는 목적을 달성하고자 했습니다.

재난 상황에서 '정치'의 영향력은 상당합니다. 정치가들은 신앙, 철학, 사회과학, 자연과학의 통찰을 선택적으로 활용합니다. 그러나 주목할 만한 것은, 사실에 부합하지 않는 정보조차도 정치적 목적에 따라 이용될 수 있다는 것입니다. 리스본 대지진 이후 나온 주장들이 모두 현실에 부합하는 것은 아니었습니다. 당시 리스본에는 루소가 이야기한 7층 건물이 존재하지도 않았습니다. 루소는 리스본의 건축물 구조와 리스본 지진의 파괴력에 대해 상당히 잘못 알고 있었습니다. 인구가 밀집되지 않거나 넓은 지역에 고루 퍼져 살았더라면 '피해가 거의 없었을' 것이라는 그의 주장은 터무니없는 이야기였습니다.

서구의 세속화 과정에서 발생하는 반성직주의도 종교 자체의 내부 모순도 원인일 수 있지만, 사회적 모순에 분노한 대중들에게 왕궁이나 군대와 금융기관들이 아닌 교회를 타도대상으로 삼도록 유도한 정치권의 노회한 정치 행위였음을 주목해야 합니다.[3] 이런 정치적 책동을 대중화하는 데에는 선전선동이 긴요했음은 물론입니다.

재난 시대, 사회변동에 응답하는 교회

리스본 대지진이라는 재난은 포르투갈 기독교 사회의 민낯을 드러냈습니다. 예수회는 당시 유럽을 휩쓸던 통속문학이 포르투갈 젊은이들의 정신을 타락시킬 것을 염려하여 라틴어로만 교육할 것을 고집했습니다. 유럽 대부분이 새로운 인본주의 사상과 종교개혁 사상을 흡수하며 급격한 변화를 겪는 동안 포르투갈은 오히려 중세시대로 회귀하고 있었습니다. 이런 상황에서 리스본 지진은 제도적 종교의 거짓 권위를 뒤흔들고, 철학의 계몽적 낙관주의에 도전했으며, 이신론적 신학과 통속적 신앙에 궁극적 질문을 던진 것입니다.

그렇다면 코로나19는 어떠합니까? 코로나19는 오늘날 한국 사회와 교회의 민낯을 드러냈습니다. 전통 종교를 위협할 뿐 아니라 사회악을 조장하는 이단, 공적 책무를 방기한 기독교, 전통적인 운영방식을 탈피하지 못하는 교회, 생태계의 교란을 가지고 온 탐욕적 사회, 물질주의에 함몰된 자본주의 등, 수면 아래 감춰져서 그동안 의식하지 못했던 것들이 평범한 대중에게도 드러났습니다. 이에 신학자들도 응답하기 시작했습니다.

어떤 이들은 코로나19를 겪으며, 인간의 삶과 죽음, 생명이라는 신학적인 주제를 다시 묻기 시작했습니다. 사회 안에서 공식적으로 제안된 '사회적 거리'를 받아들이면서, 어떤 이들은 사회적 관계와 사람들의 사이의 만남의 방식을 근본적으로 다시 고민했습니다. 또 어떤 이들은 바이러스와 세균의 차이를 물었고, 인간과 바이러스를 매개하는 다양한 환경을 연구하고 생태계 전반에 대한 질문을 던졌습니다. 또 어떤 이들은 피조 세계에 대한 인간의 태도를 성찰하기도 했습니다.

사실 이러한 인간과 사회적 관계, 또 자연에 대한 질문들은 리스본 대지진 시대와 비교할 수 없을 정도로 더 정교해졌고, 더 복잡해졌습니다. 제레미 다이아몬드가 『총, 균, 쇠』에서 말했듯, 과학과 문명이 발달할수록 사람과 사회와 바이러스를 포함한 생태계를 따로 분리해서 설명할 수 없습니다. 이제 성찰은 더 이상 개별적으로 이루어지지 않습니다. 이 사회변동 시대에는, 성찰은 또 다른 성찰로 이어질 수밖에 없으며, 신학과 교회는 인간과 사회, 자연을 아우르는 성찰을 통해서 새로운 실천적 응답을 모색할 수 있는 것입니다.

포스트 코로나 교회의 지향점

그렇다면, 이제 우리는 어디로 가야 하는가? 코로나19와 같은 재난 극복을 위하여, 또한 재난 극복 이후 교회의 위상과 존립을 위해서 거칠지만 다음과 같은 몇 가지 방향성을 제안해 봅니다.

(1) 우리는 개인주의와 물질주의를 넘어서는 하나님 나라 중심의 세계관과 가치체계에 대한 신앙을 명확하게 세워가도록 힘써야 할 것입니다. 아버지 되신 창

조주 하나님의 자녀로서 자매 형제들로서, 즉 지체로서 인류애를 굳건히 함으로써 경제적 상황과 인종과 국가를 넘어서서 연약한 지체의 생명과 기본권에 가치를 두는 생명 중심의 삶을 실천함이 중요합니다. 이것은 곧 하나님 나라와 의, 즉 영적 가치를 토대로 사회적 공동선의 확산 실천에 더욱 힘써야 함을 뜻합니다.

(2) 그러나 마스크 한 장으로 인하여 사회가 혼란스러워지고, 주일 예배를 어떻게 드려야 하느냐는 주제가 교회만이 아니라 사회적 논쟁거리가 되는 일상의 현실을 직시해야 합니다. 즉 하나님 나라 중심의 세계관과 가치체계에 따른 신앙적이며 사회적인 실천은 매우 이상적 주장으로 보이는 현실임에 틀림없습니다. 오늘의 재난은 개인과 우리 사회와 세계의 민낯뿐만 아니라 교회의 부끄러움을 드러내고 있습니다. 그 민낯의 많은 부분은 우리의 무지와 죄성이 악의 권세 앞에 발현된 것이라 해석할 수 있습니다.

이러한 현실은 오늘 교회의 우선 과제를 제시합니다. 코로나19와 그 이후 교회의 역할은 여전히 신앙인의 신앙인 됨을 전제로 합니다. 우리가 신앙인다운 신앙인이 되는 만큼 교회는 교회다워지고, 교회로서의 역할을 감당할 수 있을 것이기 때문입니다. 코로나19로 인한 오늘의 재난은 신앙인들에게 악과 죄와 고통의 현실을 깊이 인식하게 합니다. 신앙은 우리에게 하나님이 이러한 재난 한가운데서 우리와 함께 아파하신다는 사실을 상기시키시며, 고난당하는 이웃과 사회를 위하여 우리가 하나님의 일을 행할 것을 도전합니다요 9.1-7.

(3) 교회와 신앙인들의 삶에서는 하나님을 사랑함이 첫째 되는 목적이며, 이웃을 사랑함이 그와 동시에 행해져야 할 목적입니다. 신앙이 성숙해질수록 그 이웃의 범위는 넓어지게 됩니다. 창조주 하나님이 나의 아버지이심을 고백하게 됨과 동시에 나와 우리 민족만이 아니라 이 세상이 하나님의 나라에 속함을 깨닫게 됩니다. 또한 구속주 하나님에 대한 신앙이 성숙해 갈수록 하나님은 나만 사랑하신 것이 아니라 죄와 악으로 뒤틀린 이 세상도 여전히 구원받기를 원하시며 사랑하신다는 사실을 깨닫게 됩니다. 나를 신앙인으로 부르신 이유, 나와 너를 교회로 함께 존재하게 하신 이유가 바로 이 세상이 그 사랑을 받아

들여 구원받기 위함이라는 것을 깊이 깨닫고, 삶으로 살아가는 만큼 우리 교회는 교회다운 교회가 될 것입니다. 코로나19 이후의 교회는 더욱 교회로서의 기본을 회복하고 강화하는 교회가 되기를 소망합니다. 교회의 교회 됨은 신앙인들을 더욱 신앙인다운 신앙인으로 양육함이 우선입니다!

(4) 하나님이 세상의 창조주이시자 구속주이시기에 우리는 신학뿐만 아니라 철학과 사회과학과 정치와 언론 영역에 대해서도 꾸준한 관심을 가져야 합니다. 모든 영역이 죄로 인하여 뒤틀려 있음이 사실이지만 하나님 나라와 의를 위하여 회복되어야 할 하나님 나라의 영역이기 때문입니다. 리스본 대지진 당시의 종교가 범하였던 우를 반복하여서는 안 될 것입니다. 철학, 사회과학과 자연과학, 언론과 정치 모두 일반은총의 영역에서 나름의 역할이 있음을 인정해야 합니다. 그러나 그들 역시 자신들의 '육신의 정욕과 안목의 정욕과 이생의 자랑'을 위하여 하나님의 나라와 어긋나는 세계관과 가치를 생산하며 반생명적 문화를 확산함은 경계하고, 경고하며 제어하도록 힘써야 합니다.

물론 이러한 사역을 교회가 감당하기 위해서 교회는 더욱 신앙인들이 세상 안에서도 책임적 삶을 살 수 있도록 격려하여야 합니다. 일반은총에 속한 여러 영역, 특히 자연과학, 사회과학, 철학, 언론, 정치 영역 등등과의 소통과 그 영역들에 대한 신앙적 해석과 응답 등이 신앙인의 신앙인 됨에 주요한 요소라는 사실을 인식해야 할 것입니다. 물론 우리 모두가 이 모든 영역의 전문가가 될 수는 없습니다. 이때 우리가 기억해야 할 것은 만인제사장, 즉 자신의 영역에서 모두가 제사장적 역할을 한다는 신앙적 각성입니다. 이런 의미에서 교회는 이른바 평신도들의 책임적 사회참여와 교회사역 사이의 역할분담과 연계성을 강화시킬 수 있는 목회 방향성 및 교육과 정책 결정의 구조변혁, 즉 목회의 포스트–코로나 패러다임을 모색해야 할 것입니다. 이제 교회는 '물리적 거리두기'가 상징하듯이 사회로부터 더욱 '안전한' 교회가 될 것을 요청받습니다. 물론 교회는 십자가가 상징하듯이 복음은 우리를 안전하게만 살도록 하지 않습니다. 그러나 적어도 반사회적 사이비 집단들과 차별된다는 의미에서의 보편적 '안전'의 차원은 보장하도록 노력하여야 할 것입니다. 나아가 복음은 우리가 참으로 '안전한' 교회가 되기 위해서 더욱 '건강한' 교회가 되기를 요청한다는 것을 기억하고 실천하는 우리가 되기를 소원합니다!

미주

1   당시 리스본은 가장 기독교적인 도시로, 12세기 이후로 지어진 주교좌성당 이외에 교구성당이 40군데가 넘었고 90개의 수도원과 150곳의 수도회들을 갖추고 있었으며, 전체 인구 25만 명중에서 약 10%가 수도사로 활동하고 있었습니다. 리스본 지진에 대한 아래의 분석은 니콜라스 시라디의 『운명의 날: 유럽의 근대화를 꽃피운 1755년 리스본 대지진』, 강영이 옮김 (서울: 에코의 서재, 2009), 특히 18-19, 159, 161-62, 165, 149-150, 171, 175쪽을 주로 참고하였습니다.

2   박영범, "신정론과 하나님의 고난," 『한국조직신학논총』 제33집 (2012년 9월), 253쪽.

3   Owen Chadwick, *The Secularization of the European Mind in the 19th Century* (Cambridge University Press. 1975), 119쪽,

다음 문헌을 참고했습니다.

니콜라스 시라디. 『운명의 날: 유럽의 근대화를 꽃피운 1755년 리스본 대지진』, 강영이 옮김. 서울: 에코의 서재, 2009.

박영범. "신정론과 하나님의 고난." 『한국조직신학논총』 제33집 (2012년 9월): 243-280쪽.

Chadwick, Owen. *The Secularization of the European Mind in the 19th Century.* Cambridge University Press. 197.

재난과 교회:
코로나19 사태에 대한
구약성서적 성찰

배희숙

장로회신학대학교 교수 | 구약학

생로병사, 태어나 늙고 병들어 죽는 것은 인간의 피할 수 없는 운명입니다^{전 12:3-6}. 그러나 단기간에 수많은 사망자가 집단으로 발생하는 일은 분명 정상은 아닙니다. 과학과 의학의 발달로 자연스러운 인생 주기를 해치는 수많은 병을 극복한 것 같았지만 작금의 에볼라, 사스, 신종플루에서 현금의 코로나19에 이르기까지 신종 바이러스로 인해 온 세계가 두려움과 공포에 휩싸이곤 하는 모습은 새삼 하나님 앞에 선 인간의 한계를 깨닫게 합니다. 특히 코로나19는 에피데믹 epidemic 수준을 넘어 팬데믹 pandemic 이 되어 과거와는 비교할 수 없는 위력을 과시하고 있습니다. '모이기를 힘써왔던' 교회의 공식예배까지 멈춰졌으니 이것만 보아도 그 파괴력을 가히 짐작할 수 있습니다. 코로나19의 심각성을 충분히 인식하면서도 마치 우리가 '모이기를 폐하는 어떤 사람들'히 10:26 같이 된 것 같아 신앙인에게는 영적 고통까지 더해지고 있습니다. 이에 구약성서에 나타난 전염병의 사회적 신학적 의미를 고찰하고 나아가 특히 예배 및 집회 중단이라는 교회의 대응책을 중심으로 코로나19 사태를 구약성서에 비추어 성찰해보려 합니다.

구약성서에 나타난 전염병

구약성서에는 다수의 병이 나옵니다.[1] 특히 신명기에는 이스라엘이 악을 행하고 하나님을 떠나게 된 결과로 "저주와 혼란과 책망과 파멸"의 범주에 해당하는 각종 병과 자연 재난이 열거되고 있는데 이 목록에서 전염병이 앞자리를 차지하고 있습니다[신 28:21]. 전염병은 곧 '죽음'을 의미했습니다[출 9:15; 렘 15:2; 18:21]. 전염병은 특히 예루살렘 정복과 포로 사건의 맥락에서 전쟁[각]과 기근에 연이어 발생하는 것으로 국가의 존립을 위협하는 재앙으로 나오기도 합니다[렘 27:8, 13; 겔 5:12-17; 6:11-12; 7:15 등].

그 성격 및 피해의 정도와 관련하여 구약성서에 처음 언급되는 전염병은 출애굽 이야기의 열 가지 재앙 중 다섯 번째의 것으로 이스라엘의 가축은 하나도 죽지 않은 반면, 애굽의 가축만 모조리 죽음을 면치 못했습니다[출 9:1-7]. 이 재앙이 애굽의 가축에 국한되었던 것은 애굽 왕 바로에게 하나님의 권능을 보여줌으로써 이스라엘을 놓아주게 하는 데 그 목적이 있었기 때문입니다.

애굽에서 나온 이스라엘 백성이 모압 평지 싯딤에 진을 쳤을 때 역병이 돌아 2만 4천 명이 목숨을 잃는 일이 발생합니다[민 25:1-9]. 이는 이스라엘 백성이 모압 여자들과 음행을 하고, 그들의 영향을 받아 심지어 바알브올 제사에까지 가담한 결과였습니다. 누군가 주장하듯, 면역력이 없던 이스라엘 사람이 모압 여자들과의 성적 접촉을 통해 이 역병에 감염된 것이었다면[2] 이는 음행의 당연한 귀결일 것입니다. 그러나 성서는 진노하신 하나님이 개입하셨다는 점을 분명히 말합니다3-4절.

　　사무엘상 5-6장의 언약궤 이야기는 블레셋 사람들 가운데 맹렬히 퍼졌던 병에 대해 말해줍니다. 이스라엘과의 전쟁에서 승리한 블레셋 사람들이 이스라엘 하나님의 임재를 상징하는 언약궤를 빼앗아 자기들의 신전에 갖다 두자 "독한 종기"삼상 5:6, 9, 12로 번역된 병이 전 지역을 강타하여 "온 성읍이 사망의 환난을" 당하게 됩니다5:11. "성읍의 부르짖음이 하늘에 사무칠"5:12 정도였다니 얼마나 많은 사람이 죽었던 것일까요! 블레셋 사람들이 이 재앙을 피하기 위해서는 "독한 종기의 형상과 땅을 해롭게 하는 쥐의 형상을 만들어"6:4-5 속건제를 드려야 했습니다. 블레셋 제사장들과 복술자들이 내린 이 해결책에, 어떤 사물이나 현상을 모방함으로써 그와 유사한 결과를 끌어낸다는 유감 주술類感呪術의 원리가 내재한 것을 볼 때 이 병은 쥐 종류의 동물이 옮겨 발생한 전염병이었던 것 같습니다. 이 재앙은 누구의 잘못으로 발생한 것이라기보다 이스라엘은 물론 이방인들 가운데 하나님의 능력'하나님의 손'과 영광을 드러내는 것이었습니다.

　　다윗은 왕국이 안팎으로 평화와 번영을 구가할 때 인구조사를 시행함으로써 하나님의 진노를 야기합니다대상

^{21:7}. 왜냐하면 그는 자신의 성취를 백성의 수효로 과시하려 함으로써 교만과 하나님에 대한 신뢰 부족을 드러냈기 때문입니다. 왕의 죄에 대한 징벌로 하나님은 칠 년 기근, 석 달간의 왕의 도망, 그리고 사흘간의 전염병이라는 세 가지 징벌을 제안하였고, 다윗 왕은 이 가운데 가장 짧은 기간의 전염병을 선택합니다 _{삼하 24:7; 대상 21:7}. 그러나 그 결과는 매우 치명적이었습니다. "단에서부터 브엘세바까지" 왕국 전역에 퍼진 전염병으로 인해 7만 명의 백성이 죽게 됩니다 _{삼하 24:15; 대상 21:14}. 이 징벌에서는 지도자의 죄를 수많은 백성이 고스란히 떠맡아 대신 죽은 대리적 죽음의 차원이 나타납니다.

기원전 701년 아시리아 제국의 대왕 산헤립은 유다 왕국을 침략하여 46개의 요새 성읍과 주변의 수많은 지역을 정복하고 마지막으로 예루살렘을 포위하게 됩니다. 이때 산헤립은 예루살렘에 군대 장관을 보내, 한편으로는 이스라엘의 하나님을 비방하며 백성의 사기를 꺾고, 다른 한편으로는 온갖 감언이설로 항복을 유도합니다. 아무런 저항도 하지 못한 채 새장에 갇힌 새처럼 예루살렘에 고립된 히스기야 왕은 기도밖에는 할 수 있는 게 없었습니다. 그런 그의 기도를 들으신 하나님은 "여호와의

사자"를 보내 아시리아 진영의 군사를 치셨고 그 결과 그 밤에 18만 5천 명이 죽게 됩니다. 이 일로 산헤립은 어쩔 수 없이 철군하게 되고, 예루살렘은 함락을 모면하게 됩니다_{왕하 19:35-36; 사 37:36-37}. 밤 사이에 십만 이상의 목숨을 앗아간 것이 무엇이었는지는 정확히 알 수 없지만 군 막사의 취약한 위생으로 인해 생긴 전염병이었던 것으로 추정됩니다.

지금까지 상술한, 구약성서에 나타난 전염병의 몇 가지 사례를 통해 그 사회적 신학적 의미를 정리하면 다음과 같습니다.

첫째, 역병은 단시간에 수많은 죽음을 초래하는 병으로 인간은 물론 산 짐승에게도 치명적이었습니다. 전염병은 병의 차원을 넘어 전쟁과 기근에 상응하는 재앙이었습니다.

둘째, 전염병은 위생이나 잘못된 행위에 뒤따르는 당연한 결과일 수도 있겠지만 구약성서는 이를 자연발생적으로 일어나는 질병이 아니라 특정한 목적을 지니고 있다고 말합니다. 때로는 적국에서 하나님의 영광이 드러나기도 하고, 때로는 이스라엘의 죄에 대한 심판의 수단이기도 합니다.

셋째, 하나님의 심판으로서의 전염병은 죄를 지은 자(들)의 징벌을 다수의 타인이 대신 치른다는 (공동체의) 대리적 고통의 차원을 지니고 있습니다. 이 점은 특히 '여호와의 종의 노래'^{사 53:4-5}에서 뚜렷하게 나타납니다. 이는 오늘날 코로나19에 감염된 자가 그 자신의 죄 때문에 고통을 겪는다는 식의 생각은 그릇된 것임을 가르쳐줄 뿐 아니라 전염병에 직면한 공동체가 어떻게 행동하는 것이 마땅한지를 알려주기도 합니다.

다음으로 코로나19 사태에 따른 공식예배 및 집회의 중단이라는 교회의 대응책에 대하여 생각해보고자 합니다.

구약성서에 나타난 제사제의 비판 및 금지

고대 이스라엘에는 예배가 금지된 사람들이 있었습니다. 모든 병은 하나님의 심판으로 간주하였는데 흔히 한센씨병이라 불리는 피부병은 특히나 그러했습니다. 그래서 피부병 환자는 제의적으로 부정하게 여겨져 일정한 정결 의식을 거치기 전까지는 공동체로부터 격리되고 성소 출입이 금지되었습니다레 13:45. 사람뿐만 아니라 옷이나 집도 여기에 해당하였습니다레 13:47-59; 14:33-53. 이러한 규정은 이 병이 접촉을 통해 전염된다는 점을 인식한 데서 비롯되었을 것입니다. 고대 이스라엘의 '거룩함'이라는 개념에 따르면 이처럼 전염 가능한 병자를 성소로부터 그리고 거룩한 성소를 찾는 공동체로부터 격리하는 것은 당연한 조치였습니다. 부정한 자의 출입으로 성소가 부정해져 버린다면 결국 그 누구도 하나님을 예배할 수 없게 되기 때문입니다.

그런데 코로나19 사태의 경우 문제는 병에 걸리지 않은 일반인에게, 단지 감염 확산을 우려해 공식예배를 금하고 있다는 것입니다. 오늘날은 고대사회보다 이동과 접촉이 더 잦다는 점을 고려할 때 충분히 이해는 됩니다만 그렇다 하더라도 일반인의 공식예배 중단은 과연 성서적일까요? 교회 예배와 집회의 중단이라는 대응책을 대하며 우리가 구약성서를 통해 생각해 볼 점은 무엇일까요?

구약성서는 "순종이 제사보다 낫다"삼상 15:22; 호 6:6 등는 소위 제사를 비판하는 말씀을 많이 담고 있습니다. 그런데 비판하는 정도가 아니라 하나님이 직접 자기 백성의 성소 예배를 거부한 적이 있다는 사실에 놀라움을 금치 않을 수 없습니다. 기원전 760년경 예언자 아모스를 통해 하나님은 "벧엘을 찾지 말며 길갈로 들어가지 말며 브엘세바로도 나아가지 말라"^{암 5:5}고 말씀합니다. 당시 북이스라엘 사람들에게 삼대 성소였던 벧엘, 길갈, 브엘세바에 가지 말라고 하면서 대신 "나를 찾으라 그리하면 살리라"^{5:4}고 합니다. 성소는 본래 하나님이 임재하는 특별한 곳입니다. 그래서 성소에 가는 것은 곧 제사 드리는 것이며, 제사 드리는 것은 그 자체로 하나님을 찾는 것이면서 동시에 구원과 은혜를 의미했습니다. 그런데 하나님이 성소에 가지 말라고 말씀하시다니요? 그들은 성소에 가서 도대체 무슨 짓을 했던 것일까요? 하나님의 말씀에 귀기울여 봅시다.

> 너희는 벧엘에 가서 범죄하며 길갈에 가서 죄를 더하며 아침마다 너희 희생을, 삼일마다 너희 십일조를 드리며 누룩 넣은 것을 불살라 수은제로 드리며 낙헌제를 소리내여 선포하려무나 이스라엘 자손들아 이것이 너희가 기뻐하는 바니라 주 여호와의 말씀이니라. ^{암 4:4-5}

하나님 말씀에 따르면 당시 이스라엘 백성은 성소에 가서 제사 드리기를 기뻐했습니다. 그런데 하나님은 그들의 제사를 범죄로, 한 걸음 더 나아가 죄를 더하는 것으로 규정합니다. 아침마다 또 삼일마다 예배당에 가서 하나님께, 정해진 십일조와 감사헌금 외에도 수많은 예물을 자원하여 바친 것이 범죄라니 이 무슨 말일까요? 다른 신에게 제사 드린 것도 아니고 율법에 어긋나게 제사 드린 것도 아닌데 도대체 무엇이 문제라는 것일까요? 아모스보다 약 한 세대 후 유다 왕국에서 하나님 말씀을 전한 이사야를 통해 그 이유를 쉽게 알 수 있습니다.

> 너희의 무수한 제물이 내게 무엇이 유익하뇨 나는 숫양의 번제와 살진 짐승의 기름에 배불렀고 나는 수송아지나 어린 양이나 숫염소의 피를 기뻐하지 아니하노라 너희가 내 앞에 보이러 오니 이것을 누가 너희에게 요구하였느냐 내 마당만 밟을 뿐이니라 헛된 제물을 다시 가져오지 말라 분향은 내가 가증히 여기는 바요 월삭과 안식일과 대회로 모이는 것도 그러하니 성회와 아울러 악을 행하는 것을 내가 견디지 못하겠노라. 사 1:11-12

그러니까 문제는 제사 방식이나 우상숭배에 있었던 것이 아니라 제사 드리는 자의 일상의 삶에 있었던 것입니다. 그들의 하나님 예배는 성소에서 드리는 제사에 한정되어 있었던 것입니다.

　　이스라엘 백성이 하나님께 온갖 종류의 제사 드리기를 기뻐한 데는 그럴만한 이유가 있었습니다. 아모스에 따르면 수많은 예물로 제사를 드릴 때마다 제사장은 "하나님이 너희와 함께 하신다"는 말을 선언하였습니다^{암 5:14}. 임마누엘! '하나님이 우리와 함께 하신다'는 이 사실은 영원불변의 진리입니다^{마 28:20}. 그런데 제사 예배에서 선포되는 이 구원과 은혜의 말씀이 왜 문제가 된 것일까요?

　　제사장이 제사에서 선포하는 이 구원의 말씀은 제사 드리는 자에게, 성소에서 제사를 드림으로써만 하나님을 만날 수 있다는 믿음을 갖게 하였습니다. 그리하여 그들은 하나님이 자기들과 함께 하시게 하기 위해서는 성소에서 제사를 드려야 했습니다. 그들의 믿음에 따르면 제사에서만 하나님을 만날 수 있었고 제사만이 그들의 안전과 번영을 보장해주었기 때문입니다. 그 결과 그들은 성소 밖 일상생활에서는 하나님을 찾을 필요도 없었고 찾지도 않게 되었습니다. 그렇게 성소는 많은 제물을 가지고 와 제사 드리는 자들의 모임 장소로 또 사교장소로 전락하고 말았습니다 암 6:4-6. 이렇게 경박하고 천박한 신앙이 바로 '하나님이 너희와 함께 하신다'는 구원 말씀으로만 충만한, 성소의 제사 예배를 통해 조장되었던 것입니다.[3] 이런 이유로 이제 하나님은 모든 제사와 모임과 찬양을 거부하십니다.

> 내가 너희 절기들을 미워하여 멸시하며 너희 성회들을 기뻐하지 아니하나니 너희가 내게 번제나 소제를 드릴지라도 내가 받지 아니할 것이요 너희의 살진 희생의 화목제도 내가 돌아보지 아니하리라 네 노랫소리를 내 앞에서 그칠지어다 네 비파 소리도 내가 듣지 아니하리라. 암 5:21-23

반면, 하나님은 "너희는 나를 찾으라 그리하면 살리라"고 말씀합니다 5:4, 6. 성소에서 드리는 제사가 아니라 하나님을 찾는 것이 사는 길이라고 합니다. "길갈은 반드시 사로잡히겠고 벧엘은 비참하게 될 것임이라" 5:5. 더구나 성소는 곧 무너질 것입니다. 그렇다면 하나님을 찾기 위해 성소가 아니라면 도대체 어디로 가야 할까요? "너희는 살려면 선을 구하고 악을 구하지 말지어다"[5:14]. 어디로 가라는 것이 아니라 "너희는 악을 미워하고 선을 사랑하라"[5:15]고 합니다. "악을 미워하고 선을 사랑하는 것", 이렇게 추상적으로 표현된 하나님 찾기를 하나님은 아모스를 통해 구체적으로 "성문에서 정의를 세우는 것"이라고 말합니다[5:15]. 즉 하나님은 '성소'가 아니라 '성문'에서 찾을 수 있다는 것입니다[5:10, 12]. 고대에 성문은 남녀노소, 지위고하를 막론하고 모든 사람이 통행하는 가장 일상의 자리였으며, 바로 그곳에서 재판이 이루어졌습니다. 성문은 모든 사람의 삶의 현장이었습니다. 바로 그곳에서 가난한 자의 권리가 보장되며 사회적 정의가 실현되었습니다. 하나님이 임재하고 또 하나님을 만날 수 있는 곳은 이렇게 일상적인 삶의 자리라는 것입니다. 성문, 즉 모든 사람의 삶의 현장의 상황을 외면하고 무시한 채 제사 드리기만 한다면 그 제사 예배는 제아무리 아름다운 찬양과 살진 짐승의 제물과 분향이 있다 해도 참된 예배가 아니라는 것입니다. 이는 예수님이 안식일에 병을 고치고 귀신을 쫓아냄으로써 당시 예배의 표준을 어기신 것과 다를 바 없습니다.

잘못된 예배에 대한, 하나님의 숱한 경고에도 불구

하고 (하나님 없는) 성소에 가서 제사 드리기를 기뻐했던 이
스라엘이나 유다는 결국 멸망하고 맙니다. 성소는 무너지
고, 나라는 없어지고, 예루살렘 성전도 파괴되었습니다.
그들은 이방 나라로 포로로 사로잡혀갔습니다. 그들은
제사 예배를 드리고 싶어도 더는 드릴 수가 없게 되었습
니다. 하나님이 그들의 제사 받기를 거부하신 것입니다.

코로나19와 교회의 공식 예배 및 집회의 중단

안타깝게도 코로나19로 인해 많은 교회가 공식예배
및 모든 집회를 중단하는 결정을 내렸습니다. 박해의 시
대가 아닌데도 예배가 공식적으로 중단되다니 신앙인으
로서 황망하지 않을 수 없습니다.

아쉽게도 구약성서는 코로나19라는 전염병과 교회
의 공식예배 중단과의 관계를 유추해볼 수 있는 직접적인
예를 제공하지는 않습니다. 그러나 구약성서에 나타난
전염병에 대한 사회적 신학적 설명, 그리고 제사 예배에
관한 비판적 예언 말씀에 비추어볼 때 현금現今의 대응책
은 '모이기를 폐하는' 반기독교적 조치가 아니라 사회적

요구에 응답하는 책임 있는 행동으로 보아야 마땅할 것입니다. 다수가 모이는 집회가 실제로 코로나19 확산의 주된 원인으로 지목되고 있기에 건강한 사회 유지를 위해 교회에서 드리는 예배를 일시적으로 중단하자는 사회적 요청에 공감하고 응답하는 것이기 때문입니다. 이것은 예언자들이 외친, '성문' 사람들의 목소리에 귀를 기울이고, '성문'에서 호소하는 사람들의 절박한 형편에 동참하는 것과 같습니다. 이것은 곧 '하나님이 우리와 함께 하신다'는 임마누엘의 구체적인 내용이기도 합니다.

코로나19 사태에 따른 교회 공식예배의 중단으로 인해 우리가 하나님을 예배할 수 없게 된 것이 아닙니다. '교회'라는 공간에 모두가 모여 함께 드리는 예배가 잠시 중단된 것이지, 우리는 하나님을 예배할 자유를 빼앗긴 것이 결코 아닙니다. 코로나19로 인한 교회 공식예배의 중단은 이웃의 형편에 동참하는 더 적극적인 예배 형태로 바라보아야 할 것입니다.

코로나19로 인한 교회 공식예배가 중단된 것을 두고 우리의 예배를 거부하시는 하나님의 '조치'라는 생각을 한다면 그것은 너무 멀리 나간 것이겠지만, 그러나 이를 계기로 우리는 지난날의 예배를 성찰해보아야 할 것입니다. 우리가 하나님을 찾고 만나는 예배를 드렸는지, 아니면 기독 신자로서의 책임을 교회에서 드리는 예배 행위 자체로 축소해 버린 것은 아닌지 되돌아보는 계기가 되어야 할 것입니다.

　개신교는 그동안 많은 사회적 비난과 지탄을 받아왔습니다. 그것은 우리의 믿음의 내용과 신앙의 책임이 주로 교회라는 장소에서의 예배에 국한되어 있었기 때문일 것입니다. 물론 우리가 드리는 헌금에는 사회 참여의 차원이 담겨있습니다 신 14:28-29; 26:12. 그럼에도 불구하고 한국개신교의 신자에게는 '교회 예배'가 신앙의 주된 내용을 이루고 있다는 점을 부인할 수 없을 것입니다. 참된 예배는 '성문에서', 즉 이웃의 목소리를 듣고 그들과 함께 하는 데서 가능하다는 아모스의 선포에 귀 기울여 코로나19 사태가 예배를 폐하는 것이 아니라 예배의 참뜻을 성찰하게 하는 기회가 되었으면 좋겠습니다.

미주

1   염병, 폐병, 열병, 염증, 학질, 애굽의 종기, 치질, 괴혈병, 피부병, 미치는 것, 눈 머
     는 것, 정신병(신 28:21-28), 간질 또는 정신착란, 악령 들림(삼상 16), 뇌졸중 내지
     심근경색(? 삼상 25:38), 열사병/일사병(왕하 4:18-19), 창자의 중병(대하 21:15-
     19), 발병(대하 16:12) 등 각종 병에 대하여 M. Sussman, "Sickness and Desease,"
     The Anchor Bible Dictionary 6 (1992), 6-15; Henrike Frey-Anthes, "Krankheit
     und Heilung (AT)". http://www.bibelwissenschaft.de/stichwort/240361 참고.

2   M. Sussman, "Sickness and Desease", *ABD* 6 (1992), 8.

3   K. W. Neubauer, "Erwägungen zu Amos 5,4-15", *ZAW* 78,3 (1966), 292-316.

신약성경에서 질병, 재난 그리고 하나님 나라

김태섭

장로회신학대학교 교수 | 신약학

요즘 한국 사회는 코로나19로 인해 몸살을 앓고 있습니다. 국민들 사이에선 질병에 대한 경각심이 그 어느 때보다 높아졌고, '사회적 거리 두기'에 모두가 최선의 노력을 기울이고 있습니다. 그러다 보니 경제, 외교, 교육, 문화, 종교계 어느 한 곳도 바이러스의 영향에서 자유로운 곳이 없습니다. 특히 공교회성이 강조되는 현대 사회에서, 교회가 감내해야 할 사회적 부담과 신학적 고민은 매우 클 수밖에 없습니다. 교회는 특정 공간에 밀집하여 드리는 예배의 특성상, 코로나의 진앙지가 될 위험을 안고 있기 때문입니다.

정부는 '감염 예방수칙'^{방역지침}을 지키지 않는 교회들에 대해 예배를 제한하는 행정명령을 내리고, 현장 예배를 강행하다가 확진자가 나올 경우, 그 모든 치료 및 방역 비용에 대한 구상권을 해당 교회에 청구하겠다고 밝혔습니다. 이런 상황에서 종단의 권위가 중앙집권적인 불교나 천주교의 일사불란함과 달리, 적지 않은 교회들은 사회적 요구와 주일성수의 책임 사이에서 갈등하고 있습니다. 이런 상황에서 신앙의 전범^{典範}인 신약성경이 질병과 재난에 대해 어떻게 말하고 있는지, 우리는 한번 살펴볼 필요가 있습니다.

질병과 재난의 신약성경적 원인

우선 신약성경은 질병의 원인에 대해 몇 가지로 암시하고 있습니다.

첫째는 죄가 질병의 원인이라는 것입니다.

대표적인 예가 마가복음 2장 1-12절에 나오는 중풍 병자 치유 기사입니다마 9:1-8; 눅 5:17-26. 가버나움의 한 집에 예수께서 계시다는 소문이 퍼지니까 사람들이 모여 문전 성시를 이룹니다. 이에 중풍병자를 메고 온 친구들은 지붕을 뜯어내고 침상을 달아 내립니다. 예수께서는 그들의 믿음을 보시고 "작은 자야 네 죄 사함을 받았느니라"고 선포하십니다.

여기서 예수님의 사죄 선언에는 '참다', '용서하다', '내버려 두다'라는 의미를 지닌 동사 '아피에미'의 수동태가 사용됩니다. 이는 '신적 수동태'로서 사죄의 주체가 하나님임을 암시하는 것입니다. 시편 130편 4절이 밝히는 것처럼 죄 용서의 권세는 오직 하나님께 있습니다. 그러므로 마가는 이 사건을 통해 예수님의 신성을 드러내고자 하는 것입니다. 여기서 주목할 점은 예수께서 자신에게 있는 사죄의 권세를 입증하시기 위해 '치유'라는 방법을 사용하셨다는 점입니다. 이는 중풍병자의 질병이 죄와 관련이 있다는 것을 암시합니다.

죄가 질병의 원인이 된다는 개념은 계시록에서도 발견할 수 있습니다. 계시록 2장 22절에는 예수께서 두아

디라 교회를 향해 말씀하시며, 여자 이세벨이 자기의 음행을 회개하지 않으면 그녀를 침상에 던지겠다고 경고하십니다. 여기서 '음행'은 육적인 음행도 의미할 수 있지만, 우상숭배와 같은 영적인 음행을 의미하는 것으로 볼 수 있습니다^{계 2:20}. 어떠한 방식의 음행이든, 그 죄로 인해 받게 될 결과는 침상에 내쳐지는 것입니다. 여기서 '클리네'는 중풍병자가 누웠던 침상^{마 9:2; 눅 5:18}과 같은 병상을 의미합니다. 이처럼 계시록은 육적·영적 음행에 대한 징벌이 질병이란 형태로 나타날 수 있다고 알려줍니다. 그래서 계시록은 짐승의 표를 받은 자들과 우상숭배자들을 심판할 때에 그들에게 '악하고 독한 종기'가 나고, 그들이 '고통으로 인해' 자기 혀를 깨물 것이라고 예고합니다^{계 16:2, 11}.

이와 유사하게 구약과 유대 문헌에는 질병을 죄와 연결시키는 경우가 적지 않습니다. 대표적으로 신명기 28장 20-22상반절은 이스라엘 백성이 악을 행할 때에 여호와께서는 염병, 폐병, 열병, 염증, 학질 등의 질병을 내리신다고 선포합니다^{시 103:3 참고}. 신구약 중간기 문헌인 시락서 38장 15절도 "그를 지으신 이 앞에 죄를 짓는 자는 의사의 손에 떨어질 것이다"라고 경고합니다^{토빗 3:3-17; 에}

요세푸스의 『유대고대사』 19.343-350에는 헤롯 아
그립바가 죽음을 맞게 된 사연을 소개합니다. 그가 한 축
제에서 은으로 치장된 옷을 입고 등장하자 아첨하는 자들
이 그를 신으로 추앙했으나 그가 아첨을 물리치지 않았으
므로, 극심한 통증을 느끼기 시작했고, 결국 그는 54세의
나이로 생을 마감했다고 합니다 행 12:20-23 참고. 또한 바벨론
탈무드 네다림 b. Ned. 41a 에서 랍비 알렉산드리는 시편 103
편 3절을 언급하면서, "병자는 하늘의 법정에서 그의 모
든 죄가 사함을 받을 때에라야 질병으로부터 회복된다"
고 주석합니다.[1] 이처럼 질병의 원인으로 죄를 꼽는 경우
를 우리는 신약과 신약시대를 전후한 유대 문헌들을 통해
자주 접하게 됩니다 약 5:15 참고.

둘째, 악령이 질병의 원인인 경우도 있습니다.

누가복음 13장 10-17절은 예수께서 열여덟 해 동안
꼬부라졌던 여인을 치유하시는 사건을 보도합니다. 우리
말 개역개정 성경은 이 여인을 소개하는 대목에서 '귀신
들려 앓으며'라고 라고 번역하고 있지만, 원어에 더 가깝
게 해석하자면 '질병의 영을 가진 여인'입니다 11절. 여기

서 '질병의 영'의 정체는 16절에서 예수님의 설명을 통해 '사탄'임이 밝혀집니다.

이처럼 죄가 아니라 사탄^{또는 악령, 귀신}에 의해서 병에 걸리는 경우를 우리는 신약성경에서 종종 보게 됩니다. 유사한 사례로 '뇌전증에 걸린 아들'의 치유 사건을 언급할 수 있습니다. 마태복음 17장 14-20절을 보면, 한 아버지가 '간질에 걸려' 심히 고생하는 아들을 예수께 데리고 나옵니다. 마태는 간질에 걸린 이유가 '귀신'임을 지목하고, 예수께서 귀신을 내쫓으셨을 때 그 아이의 건강이 회복되는 것을 보여줍니다. 평행본문인 마가복음 9장 17절은 아이가 '말 못하는 귀신이 들렸다'고 설명하고, 예수님은 그 귀신을 '말을 못 하고 못 듣는 영'이라고 부르십니다. 악령이 뇌전증 및 언어와 청각 장애를 초래할 수 있음을 보여주는 대목입니다.

이처럼 귀신에 의해 신체적 이상을 갖게 되는 경우를 마태복음 12장 22절에서도 발견할 수 있습니다. 여기에선 '귀신에 들려 눈이 멀고 말을 못하는' 사람이 등장합니다. 예수께서 성령을 힘입어 귀신을 쫓아내셨을 때, 그 사람은 언어와 시력을 회복합니다. 이와 같이 신약성경은 경우에 따라서 신체적 이상과 언어, 청각 및 시각의 제한을 갖게 된 이유로 악령의 역사를 지목하고 있습니다. 중간기 희년서 Jubilees 10:8-13 와 사해문서 11Q11 2.4 역시 '악한 영'이 질병을 일으킬 수 있음을 암시합니다.

셋째, 하나님의 일을 나타내기 위한 질병도 있습니다.
요한복음 9장 1-34절에 따르면, 예수께서 길을 가시다가 '나면서부터 맹인 된 사람'을 만납니다. 제자들은 그 사람이 맹인으로 태어난 것이 누구의 죄 때문인지를 따져 묻습니다. 예수께서는 맹인 본인이나 부모의 죄로 인한 것이 아니라, '그 안에 하나님의 일들을 나타내고자 하심'이라고 답을 하십니다. 바리새인과 유대인들은 그의 병이 여전히 죄 때문이라고 생각했지만 요 9:34, 요한복음은 이 사건을 통해 예수님을 세상의 빛으로 보내시어 어둠 가운데 있는 영혼들을 빛으로 인도하시는 하나님을 드러냅니다. 이처럼 질병은 죄나 악령이 아니라 하나님의 일 또는 영광을 나타내기 위한 경우도 있다는 사실을 간과해서는 안 됩니다 마 15:31; 눅 7:16; 17:16; 18:43 등 참고.

넷째, 질병의 원인이 특정화되지 않은 경우도 많습니다.

신약성경에는 많은 병자가 등장하는데, 그 질병의 원인을 구체적으로 밝히지 않는 경우가 많습니다. 그중에 대표적인 사례들이 열병에 걸린 베드로 장모^{막 1:29-31}, 열두 해를 혈루증으로 앓던 여인^{막 8:25-34}, 시각장애인 바디메오^{막 10:46-52}, 베다니 한센병자 시몬^{막 14:3}, 중풍병에 걸렸던 백부장의 하인^{마 8:5-13}과 룻다의 애니아^{행 9:32-35}, 성전 미문에서 구걸하던 지체장애인^{행 3:1-10}, 열병과 이질에 걸린 보블리오의 부친^{행 28:7-10}, 위장병이 있던 디모데^{딤전 5:23} 등이 있습니다.

심지어 욥바의 다비다는 죄를 지어서가 아니라 '선행과 구제하는 일이 가득했어도' 병들어 죽게 되었습니다^{행 9:36-42}. 사도 바울이 자신의 동역자요 군사된 자라고 소개하는 에바브로디도 역시 그리스도의 일을 위해 자기 목숨을 돌보지 않았으나 결국 병들어 위중한 상태가 됩니다^{빌 2:25-30}. 이처럼 신약성경에는 죄와는 상관없이, 오히려 주님을 위해 헌신과 수고를 아끼지 않았음에도 불구하고 병에 걸렸던 사례들을 보게 됩니다.

이렇게 질병의 이유가 다양한 것처럼 성경에서 말하

는 재난—인재이든 천재지변이든—의 이유도 다양합니다. 주후 70년에 예루살렘 성전이 파괴되는 참사의 경우, 마태복음은 이스라엘이 선지자와 예수님을 배척한 이유 때문이라고 암시합니다^{마 23:37-38 참고}. 또한 계시록은 일곱 나팔을 통해 우상을 섬기는 짐승의 백성에게 경고를 합니다^{계 8:6-11:19}. 그중 첫째 나팔부터 넷째 나팔은 땅, 바다, 강, 하늘 곧 자연계의 전 영역이 1/3씩 타격을 받는 것으로 묘사합니다. 계시록 18장 8절은 음녀 바벨론^{로마제국}이 성도들을 박해하고^{계 17:6} 우상을 섬긴 결과^{계 18:23} '재앙들'과 '흉년'이라는 심판을 받게 될 것이라고 예언합니다. 이런 사례들은 자연의 비정상적인 현상이나 재해가 하나님의 경고와 심판을 나타내는 징조가 될 수 있음을 우리에게 보여줍니다.

그리고 이러한 재난이 악의 세력과 결부되는 예도 있습니다. 마가복음 4장 35-41절에 따르면, 예수께서 제자들과 함께 배를 타고 가시던 중, 갈릴리 바다에 큰 광풍이 대작하는 것을 보게 됩니다. 배를 타고 건너편으로 가자고 제안하신 분이 예수이시기에, 이 풍랑은 인간의 죄와는 무관한 현상이었습니다. 그런데 흥미로운 점은 예수께서 바다를 잠잠하게 하실 때, '바람을 꾸짖으셨다'

는 표현이 나온다는 점입니다[막 4:39]. 헬라어 '에피티마오'는 '꾸짖다', '경고하다'의 의미를 지닌 동사로서 마가복음에 총 9번 등장하는데, 귀신을 꾸짖거나[막 1:25; 3:12; 9:25], 제자들에게 경고하거나[막 8:30], 사람을 꾸짖을 때[막 8:32, 33; 10:13; 10:48] 사용됐습니다. 이처럼 꾸짖음 내지 경고의 대상은 '인격을 가진 존재'들입니다. 이런 용례를 놓고 보았을 때, 예수께서 '풍랑을 꾸짖으셨다'는 것은 그것이 단순한 자연현상이라기보다는 그 배후에 역사하는 인격적인 존재—어둠의 세력—가 있음을 전제하는 것입니다.

이처럼 재난이나 비일상적 현상의 원인이 죄나 악의 세력과 연결될 수도 있지만, 그것이 하나님의 구원 계획에서 비롯된 것일 수도 있습니다. 바울과 실라가 빌립보에서 감옥에 갇혔을 때, 한밤중 '큰 지진'이 일어납니다[행 16:25-26]. 잠에서 깬 간수가 죄수들이 도망한 것으로 판단하여 자결하려고 했으나, 바울과 실라는 그를 안심시킵니다. 그리하여 간수는 그들을 집으로 영접하고 그와 그의 온 집안이 하나님을 믿고 세례를 받게 됩니다[행 16:27-34]. 이후에 바울이 로마로 압송될 때에, 그레데 해변 근처에서 유라굴로라는 광풍이 대작하여 배가 파선합니다[행 27:14]. 그러나 이 재난은 오히려 배에 동승한 자들과 멜

리데 섬사람들을 구원하는 계기가 됩니다.

이외에도 자연재해와 이상 현상은 '종말의 전조'
마 24:7-8; 벧후 3:12-13 나 신적 현현의 상징 마 24:29-30; 계 16:18-19 이
되기도 합니다. 이처럼 질병과 재난의 신약성경적 이유
는 다양합니다. 그것이 죄나 악령의 역사로 비롯될 수도
있지만, 하나님의 구원이나 영광을 나타내는 계기가 될
수도 있습니다. 그렇기 때문에 병에 걸리거나 고난을 당
하는 이웃과 성도들에 대해 함부로 그 원인을 속단해서는
안 될 것입니다. 현장에서 간음하다 잡힌 죄인도 살리는
것이 주님의 뜻이라면 요 8:2-11, 우리는 정죄보다 생명을 살
리는 일에 더 민감해야 할 것입니다.

하나님 나라를 향한 소망

복음서에서는 질병 치유와 관련된 동사 '테라퓨오'가
36번, '야오마이'가 19번 등장합니다. '구원하다'라는 의
미의 동사 '소조'가 '건강의 회복'이란 의미로 사용된 경우
도 18번이 됩니다. 이와 같은 용어의 빈도는 그만큼 예수
님의 사역에서 치유가 차지하는 높은 비중을 의미합니

다. 마태복음은 예수님의 지상 3대 사역 중 하나로 '치유'를 꼽습니다[4:23]. 이처럼 예수님께서 많은 병자를 고치신 것은 사실입니다. 하지만, 그렇다고 해서 예수님이 질병이란 문제를 완전히 해결하신 것은 아닙니다. 2천 년 전에 예수님의 치유를 경험한 사람보다 그분을 알지 못하고, 질병으로 죽음을 맞이한 인생들이 더 많았습니다. 설령 그분이 치유하시고, 살리셨던 사람들도 결국에는 다시 질병에 걸리고 죽음을 맞이했을 것입니다. 그리고 지금도 우리는 질병이란 문제와 힘든 싸움을 싸우고 있습니다. 그렇다면, 예수 그리스도께서 이 땅에 오신 이후에도 왜 우리는 질병에서 벗어날 수 없을까요?

이 질문에 대해 우리는 신약의 '하나님 나라'라는 개념을 살펴봐야 합니다. 주지하다시피, 하나님 나라의 핵심은 공간이 아니라 '신적 통치'입니다.[2] 공관복음에서 예수님은 '하나님 나라'[천국]가 이미 도래했음을 선포하십니다[마 12:28; 막 1:15; 눅 17:20하-21]. 그럼에도 불구하고 이 땅에는 아직도 고통과 질병과 불의가 존재하며, 악의 세력이 활보합니다. 만약 하나님의 통치가 이 땅 가운데 도래하였다고 한다면, 왜 이 세상에는 이러한 혼란이 존재하는 것일까요?

이 모순에 대해 예수께서는 몇 가지 비유를 들어 설명하셨습니다: "또 비유를 들어 이르시되 천국은 마치 사람이 자기 밭에 갖다 심은 겨자씨 한 알 같으니 이는 모든 씨보다 작은 것이로되 자란 후에는 풀보다 커서 나무가 되매 공중의 새들이 와서 그 가지에 깃들이느니라 또 비유로 말씀하시되 천국은 마치 여자가 가루 서 말 속에 갖다 넣어 전부 부풀게 한 누룩과 같으니라"^{마 13:31-33}.

첫째 비유에 따르면 '천국'은 사람이 밭에 '심은' 겨자씨와 같습니다. 헬라어 동사 '에스페이렌'이 단순과거 시제라는 점을 감안한다면, 천국은 '이미' 세상을 비유하는 '밭'에 심겨져 있는 것입니다. 그러나 그것은 눈에 잘 띄지 않는 겨자씨처럼 작습니다. 하지만 그 씨는 성장해서 결국에는 '공중의 새들'세상의 나라들을 상징이 그 나무 아래 깃들이게 될 것입니다. 이 비유에 따르면, '현재' 이 세상에 도래한 '하나님 나라'천국, 곧 '하나님의 통치'는 그 시작이 미미하나 종국에는 온 세상이 그 통치의 영향력 아래 들어갈 것이란 '미래적 완성'을 기다리고 있는 것입니다.

두 번째 비유 역시 이와 같은 내용을 말해줍니다. 천국은 가루 서 말에 '넣은'단순과거 시제 직설법동사 누룩과 같습니다. 누룩이 가루 속에 숨겨져 있어 당장에는 잘 보이지 않는 것 같지만, 종국에는 그 가루 전체에 영향력을 나타냅니다. 다시 말해 현재적 '천국'[하나님 나라]은 은밀히 이 세상 가운데 도래하여 잘 보이지 않는듯하지만, 그 나라는 점진적으로 퍼져나가 결국에는 온 세상을 변화시키는 영향력을 나타낼 것입니다. 따라서 '천국'[하나님 나라] 곧 '하나님의 통치'가 이미 도래하였음에도 불구하고 여전히 악과 혼돈과 질병이 현존하는 이유에 대한 예수님의 답은 분명합니다: '비록 하나님 나라는 도래하였지만, 그 나라[통치]의 완성은 아직 이루어지지 않았기 때문이다.'

계시록은 하나님 나라가 도래하기 전까지 성도들이 전쟁[6:2], 다툼[6:3-4], 기근[6:5-6], 사망[6:7-8], 박해[6:9-11]에서 자유로울 수 없다고 예언합니다. 이 시대가 끝나고 '온전한' 하나님 나라가 도래할 때[11:15], 그때야 비로소 사탄과 악인은 멸망하고[19:7-15; 마 13:47-50 참고], 새 하늘과 새 땅이 펼쳐질 것입니다[21:1]. 그곳은 눈물이 없고, 애통하는 것이나 '아픈 것'이 더이상 존재하지 않는 곳입니다[21:4]. 그곳에는 수정같이 맑은 생명수의 강이 흐르고, 그 좌우에는 생명나무들이 있어 '만국을 치료하기 위한' 잎사귀들이 뻗어나올 것입니다[계 22:2].

이처럼 우리는 하나님 나라의 미래적 완성을 기다리

고 있습니다. 그렇기 때문에 우리는 이미 하나님 나라가 도래했을지라도, 아직 그 나라가 완성되지 않은 시대를 살아가고 있습니다. 그 나라는 예수님의 재림을 통해 '완성'될 것이며, 현시대는 그 완성의 과정 위에 존재하는 한 시점입니다.

우리 인생은 심령이 가난해져야 비로소 천국^{하나님 나라}을 바라봅니다^{마 5:3}. 우리가 질병에서 자유롭다면, 우리는 하늘나라에서의 영생보다 이 땅에서의 장생을 꿈꿀 것입니다. 우리는 연약함이 있기에 인생의 한계를 깨닫고, 겸손히 하나님을 의지하게 됩니다. 그래서 사도 바울의 고백처럼, 약할 때 그리스도의 능력이 머무는 신비를 깨달을 수 있습니다^{고후 12:9}. 코로나 사태라는 어려운 도전 앞에서, 우리는 인생의 연약함과 한계를 다시 깨닫습니다. 그러나 이 위기를 통해 교회는 가난한 심령을 회복하고, 그리스도의 능력을 의지하여 하나님 나라를 이뤄가는 공동체로 거듭나기를 소망합니다.

교회는 하나님 나라 공동체이며 부활의 능력 위에 세워진 곳

코로나 사태로 인해 교회마다 주일성수의 방식에 대한 고민이 깊습니다. 예수님이라면 과연 어떻게 하셨을까요? 신약성경을 보면, 예수님께서는 안식일마다 회당을 찾으셨습니다[마 12:9; 막 1:21; 3:1; 6:2; 눅 4:16; 6:6; 13:10 등]. 하나님과 늘 함께하셨던 임마누엘 예수님이셨지만[마 1:23], 임의로 예배하지 않으셨고 회당을 찾아 함께 예배하셨습니다. 그렇지만 장소에 지나치게 방점을 두어서도 안 될 것입니다. 예수님께서는 장소가 아닌[요 4:20-21] 영과 진리로 예배하는 것이 중요하다고 말씀하셨기 때문입니다[요 4:23-24]. 그러므로 예배의 본질은 "영과 진리로 드리는 것"이며, 구별된 장소와 신앙 공동체를 찾는 것은 주님을 본받는 거룩한 행위로 이해해야 할 것입니다.

2세기 이후 교회에는 안식일이 아니라 주일을 지키는 전통이 자리 잡았습니다. 그러므로 안식일이든 주일이든 "하나님께 예배하는 날"이라는 정신은 변함이 없습니다. 다만, 감염질환 사태라는 현 시국의 엄중함을 생각할 때, 우리는 무엇이 교회 공동체와 이웃을 위한 예배의 자세인지 생각해 보아야 합니다. 예수님은 "안식일에 선을 행하고, 생명을 살리는 것이 옳다"고 가르치셨습니다 ^{막 3:4; 눅 6:9}. 병을 고치고 생명을 살리는 행위는 안식일의 거룩성을 저해하지 않는다는 뜻입니다^{마 12:10}. 그래서 예수님처럼 주일에도 생명을 살리는 일에 앞장서야 합니다. 그것이 참된 주일성수입니다. 문자적이고 형식적인 규정에 치우쳐 생명을 귀중히 여기지 않는다면, 이는 바리새인의 자세와 다를 바 없습니다^{마 12:14}. 모이기를 폐하는 습관은 결코 용납될 수 없지만^{히 10:25}, 생명을 살리고 치유하기 위해 교회와 성도는 현명한 선택을 해야 합니다.

로마로 압송된 사도 바울은 가택 연금상태에서 안식일에 회당을 찾거나 가정교회를 방문할 수 없었습니다. 그는 셋집에 머물면서, 자신을 찾아오는 자들에게 하나님 나라를 전파했습니다^{행 28:30-31}. 하나님과 동행한다면, 비록 셋집이라 하더라도 그곳은 하나님 나라가 될 수 있습니다.

일각에선 코로나 사태로 인해 교세가 줄어들 것을 염려합니다. 그러나 교회의 궁극적인 사명은 교세의 확장이 아니라 하나님 나라의 확장입니다. 역사가 증명하듯, 박해나 질병으로 인해 하나님 나라는 결코 쇠하지 않습니다. 교회 또한 결코 무너지지 않습니다. 교회는 죽음을 이기는 부활의 능력 위에 세워졌기 때문입니다. 부활은 사망을 이기는 능력입니다. 따라서 어떤 질병이나 음부의 권세도 교회를 이길 수 없습니다[마 16:18]. 하나님 나라 공동체인 교회는 부활의 능력으로 반드시 승리할 것입니다.

미주

1 더 자세한 내용은 참고. Clinton L. Wahlen, "Healing," in *Dictionary of Jesus and the Gospels*, ed. Joel B. Green (Downers Grove: InterVarsity Press, 2013), 362-370.

2 아래 두 문단은 본인의 다음 졸고에서 발췌·수정하였습니다. 김태섭, "한국교회의 천국(하나님 나라)에 대한 오해와 이해,"「종교와문화」30 (2016), 115-117(99-130).

흑사병에 대한
종교개혁자들의 태도

박경수

장로회신학대학교 교수 | 종교개혁사

코로나19로 인해 대한민국을 비롯한 온 세계가 신음하고 있습니다. 이런 일을 대면하게 되면 우리 인간이 얼마나 무력한 존재인지 절감하게 됩니다. 한국교회도 일찍이 겪어보지 못한 여러 어려운 상황들에 맞닥뜨리게 되면서 무엇을 어떻게 해야 할지 당황스럽고 가슴 먹먹합니다. 하나님께서 자비의 손을 내밀어 주시어 이 고난의 때가 속히 지나가게 하시고, 아픔과 고통 가운데 있는 이들이 회복되게 하시고, 우리가 스스로 돌아보고 겸비할 수 있는 시간이 되기만을 빕니다.

　　얼마 전 제가 속한 교단의 한 목사님으로부터 종교 개혁자들은 당시의 전염병이었던 흑사병에 대해 어떤 태도를 보였는지 묻는 전화를 받았습니다. 아마도 코로나19라는 전대미문의 위협 앞에서 성도들에게 어떤 위로와 지침을 줄 수 있을까 고민하다가 자연스레 종교개혁자들의 전염병에 대한 시각이 궁금했던 것 같습니다. 이런 계기로 종교개혁자와 흑사병의 관계에 대해 몇 가지를 소개하면 혹 도움이 될까 싶어서 정리하였습니다. 인류의 역사에서 전염병으로 인해 가장 비참하고 힘들었던 때는 아마도 흑사병이 유럽을 휩쓸었던 14-17세기였을 것입니다. 흑사병이라는 이름은 19세기에 와서야 붙여진 것인데, 이 전염병에 걸리면 피부가 검게 변하고 그 부분에 괴저가 발생하는 현상 때문에 흑사병이라 불렸습니다. 유럽의 프로테스탄트 교회개혁자들에게도 흑사병으로 인한 고난은 예외가 아니었습니다.

츠빙글리, "지금이라도 내 영혼을 부르신다면"

츠빙글리가 1519년 1월 취리히의 목회자로 사역을 시작한 지 얼마 지나지 않아 흑사병이 도시를 덮쳤습니다. 이 흑사병으로 인해 취리히 인구의 적게는 1/4, 많게는 1/3에 달하는 사람이 죽었습니다. 당시 취리히 인구가 7,000명 정도였는데 2,000명가량 목숨을 잃었습니다. 츠빙글리는 흑사병으로 자녀를 잃는 슬픔도 겪었습니다. 그는 목회자로서 매일 병자들을 헌신적으로 돌보다가 1519년 9월 말경 자신도 병에 걸려 앓아눕고 말았습니다. 그는 11월 중순까지 거의 두 달 동안 극심한 고통을 겪은 후 기적적으로 회복되었습니다. 당시 그가 쓴 시는 그가 얼마나 하나님을 의지하고 있었는지를 고스란히 보여줍니다.

주님, 나를 도우소서.
나의 힘, 나의 반석이시여
문밖에서는
죽음이 문 두드리는 소리

나를 위해 못 박히신
당신의 손을 높이 들어서
죽음을 정복하시고
나를 구원하소서.

그러나 당신의 음성이
내 생애의 한낮인 지금이라도
내 영혼을 부르신다면
나는 순종하겠나이다.

신앙과 소망 안에서
이 땅을 포기하고
천국을 얻고자 하나니
나는 당신의 것이니이다.

하나님의 은혜로 츠빙글리는 회복되었고 이 경험은 그가 오직 하나님만을 의지하고 하나님의 뜻에만 순종하도록 만드는 중요한 계기로 작용하였습니다. 츠빙글리가 1520년에 교황청에서 주는 성직록을 거부하고 온전히 프로테스탄트 개혁자로 돌아서는 결단을 내린 것도 이 경험과 무관하지는 않았을 것입니다. 츠빙글리의 이 절실한 신앙고백은 오늘날 스위스와 독일 개신교회 찬송가집에 수록되어 전해지고 있습니다.

루터, "하나님을 시험하지 말고 신뢰하라"

1527년 루터는 『치명적 흑사병으로부터 도망칠 수 있는 것인가?』라는 팸플릿을 출판했습니다. 이것은 루터가 브레스라우의 목사인 요한 헤스로부터 치명적인 흑사병이 덮칠 때 그리스도인이 도망하는 것이 적절한지에 대한 질문을 받고 이에 대해 대답한 글입니다.

당시 어떤 사람들은 전염병은 하나님이 내린 형벌이기 때문에, 그것을 피해 도망하는 것은 잘못되었을 뿐만 아니라 불신앙이라고 주장했습니다. 루터는 전염병조차도 하나님의 작정 안에 있는 것은 맞지만, 그것을 퍼뜨리는 것은 마귀의 행동이라고 말합니다. 루터는 스스로 묻고 답합니다. "집에 불이 났을 때 하나님의 심판이라며 가만히 있어야 하는가? 물에 빠졌을 때 수영하지 말고 하나님의 심판이라며 익사해야 하는가? 다리가 부러졌을 때 의사의 도움을 받지 말고 '이건 하나님의 심판이야. 저절로 나을 때까지 참고 버텨야 해'라고 해야 하는가? 그렇다면 배고프고 목마를 때 왜 당신은 먹고 마시는가? 이제 우리는 '우리를 악에서 구해주소서'라는 주기도문을 암송해서는 안 되는가? 만일 누군가가 불이나, 물이나, 고통 가운데 있다면 나는 기꺼이 뛰어들어 그를 구할 것이다." 실제로 비텐베르크에 흑사병이 덮쳤을 때 당시 작센의 영주였던 선제후 요한은 루터를 비롯한 비텐베르크 대학의 교수들에게 즉시 인근 도시인 예나로 피하라고 명했지만, 루터와 동료였던 요하네스 부겐하겐은 도시를 떠나지 않고 머물러 있으면서 성도들을 돌보았습니다. 하지만 루터는 양떼를 돌볼 다른 목회자가 있다면 굳이 불필요한 위험에 노출되지 않도록 위험지역을 떠나는 것도 잘못된 행동이 아니라고 조언 하였습니다.

순교를 각오한 강한 믿음의 사람들이 전염병에 맞서 이웃을 돌보고 살피는 것은 매우 훌륭한 일이지만, 그렇다고 해서 모든 사람에게 이것을 강요하거나 그렇게 하지 못하는 연약한 믿음의 소유자를 정죄하는 것은 잘못된 것이라고 루터는 말합니다. 왜냐하면, 목숨을 보전하기 위해 죽음을 피하는 것은 하나님이 심어준 자연적 성향이고, 성경과 역사에서도 그러한 경우를 많이 발견할 수 있기 때문입니다.

또 루터는 너무나 경솔하고 분별없이 하나님을 시험하고, 죽음과 흑사병에 대처하는 모든 수단을 무시하는 사람들에 대해 반론을 제기합니다. 그런 사람들은 약의 사용을 멸시하고, 흑사병에 걸린 사람이나 장소를 피하지도 않았습니다. 이렇게 하는 것이 마치 자신들의 강한 믿음을 증명하는 것으로 생각했습니다. 그러나 루터가 볼 때 이것은 하나님을 신뢰하는 것이 아니라 시험하는 것입니다. 하나님께서 약을 만드셨고 우리에게 주셔서 그 지식으로써 우리 몸을 지키고 보호하여 건강하게 살도록 하셨습니다. 따라서 이러한 지식과 약을 사용하지 않는 자는 마치 자살하려는 것과 마찬가지라는 것입니다.

루터는 권면합니다. "약을 먹어라. 집과 마당과 거리를 소독하라. 사람과 장소를 피하라." "하나님의 작정 안에서 악한 자가 독과 치명적인 병을 퍼트렸다. 그러므로 나는 하나님께 자비를 베푸셔서 우리를 지켜달라고 간구할 것이다. 그리고 나는 소독하여 공기를 정화할 것이고, 약을 지어 먹을 것이다. 나는 내가 꼭 가야 할 장소나 꼭 만나야 할 사람이 아니라면 피하여 나와 이웃 간의 감염을 예방할 것이다. 혹시라도 나의 무지와 태만으로 이웃이 죽임을 당하게 해서는 안 되기 때문이다. 만일 하나님이 나를 데려가기 원한다면, 나는 당연히 죽게 되겠지만 적어도 내가 내 자신의 죽음이나 이웃의 죽음에 책임을 져야 할 일은 없을 것이다. 그러나 만일 이웃이 나를 필요로 한다면, 나는 누구든 어떤 곳이든 마다하지 않고 달려갈 것이다." 이것이 루터가 말하는 하나님을 두려워하는 믿음입니다. 루터는 하나님을 시험하지 말고 신뢰하라고 권면합니다.

칼뱅, "우리는 서로에게 빚을 지고 있는 사람들입니다."

칼뱅은 어린 시절 아마도 흑사병으로 어머니를 여의었을 것입니다. 그가 청소년 시절에 파리의 학교에서 수학한 것도 고향 누아용에 들이닥친 흑사병을 피해서 간 것이기도 합니다. 칼뱅은 프랑스에서 교육을 받은 후 1536년 스위스 제네바의 교회개혁자로 부름을 받았지만 1538년 제네바로부터 쫓겨나 스트라스부르로 갔습니다.

그곳에 있는 동안 칼뱅은 흑사병에 걸린 환자를 방문하기도 했습니다. 칼뱅이 다시 제네바의 목회자로 돌아온 이듬해인 1542년 제네바에 흑사병이 발병하였습니다. 흑사병이 너무나도 치명적이었기에 병자들을 선뜻 자원해서 돌볼 목회자가 없었습니다. 그때 피에르 블랑셰 목사가 흑사병 환자들을 돌보겠다고 자원하며 나섰습니다. 사실상 이때 칼뱅도 환자들을 돌보겠다며 자원했지만, 제네바 시의회는 가장 중심역할을 하는 칼뱅이 그 일을 할 수는 없다며 거부하였습니다. 칼뱅은 이 소식을 로잔에 있는 동료 피에르 비레에게 보낸 편지에서 알렸습니다.

흑사병이 여기서도 격렬한 기세로 시작되었고 감염된 사람들 가운데 단지 몇 사람만 목숨을 건질 수 있었습니다. 우리 동료 가운데 피에르 블랑셰가 이들을 돌보겠다고 자원하였고 모두는 잠자코 이를 받아들였습니다. 만일 그에게 무슨 일이라도 생긴다면, 내가 그 위험을 감수해야 할지 모른다는 생각에 두렵습니다. 당신도 알다시피 우리 각자가 서로에게 빚을 지고 있는 사람들로서, 우리의 목회 사역에 있어서 무언가 필요할 때 그 누구보다도 우리가 빠져서는 안

되기 때문입니다.

칼뱅은 혹시 블랑셰가 병으로 인해 죽게 된다면 자신이 그 일을 맡아야 할지 모른다며 두려운 마음을 숨김없이 내보였습니다. 그렇지만 "목회자가 목회 사역을 감당해야 하는 한, 감염의 두려움 때문에 도움을 절실하게 필요로 하는 곳에서 자신의 의무를 이행하지 못한다면 그것은 전혀 핑계가 될 수 없습니다."라고 말하면서 자신이 그 책임을 감당할 마음의 준비가 되었음을 밝혔습니다.

베자, 『흑사병에 대한 질문들』 1579

베자는 젊은 시절 흑사병으로 추정되는 병을 앓으면서 비로소 하나님과 자신을 돌아보고 시인으로 성공하고자 하는 욕망에서 벗어나 교회개혁자로 거듭났습니다. 흑사병이 자신의 소명을 찾도록 도와준 것입니다. 베자는 1549년부터 로잔아카데미에서 신학 교수로 섬기던 중 1559년 제네바아카데미가 개원하자 그 학교의 초대학장을 맡아 제네바에서의 사역을 시작했습니다. 흔히 베자를 칼뱅의 후계자 정도로 치부하지만, 실상 베자는 그 자체로 제네바 종교개혁과 개혁교회 유산의 확립자로 평가되어야 마땅합니다. 칼뱅이 제네바의 개혁자로 25년[1536-38, 1541-64] 일했다면, 베자는 칼뱅을 계승하여 무려 41년[1564-1605] 동안 제네바의 개혁 운동을 이끌었던 사람입니다. 더 나아가 프랑스와 유럽의 개혁교회가 따르는 신학과 실천의 원칙을 제시한 인물이기도 합니다. 1568-71년 제네바에 흑사병이 다시 들이닥치면서 3,000명의 주민이 목숨을 잃었습니다. 당시 제네바 인구의 1/4 넘는 사람이 희생당한 것입니다. 이때 베자도 형제인 니콜라스를 잃었습니다. 그리고 자신이 학장으로 섬기던 개혁교회 최초의 신학교이기도 했던 제네바아카데미가 문을 닫기도 했습니다. 모든 목회자가 질병에 걸린 환자를 돌볼 책임이 있는지, 제비뽑기로 한 사람을 택하여 이 일을 맡도록 해야 하는지? 목사회의 대표인 베자는 제비뽑기에서 제외되어야 하는지, 포함되어야 하는지? 처음에는 제네바 시의회의 명령으로 베자의 이름이 제비뽑기에서 제외되었습니다. 그러나 1570년 3월 베자는 시의회를 설득하여 자신의 이름도 제비뽑기 명단에 추가하였습니다. 베자는

"가련한 병자들을 위로하는 사역을 포함하는 모든 의무를 수행"하는 것이 목회자의 당연한 책무라고 주장했습니다. 그리고 한 사람에게 특혜를 주는 것은 목회자의 동등성이라는 개혁교회의 원칙을 위반하는 것이며, 목사회를 분열시키는 일이 된다며 시의회를 설득했던 것입니다. 그렇지만 베자가 제비뽑기에서 흑사병 환자들을 돌볼 목회자로 선택되지는 않았습니다. 1571년 전염병이 다시 돌자 이제는 제비뽑기 방식이 아니라 각각의 목사가 자신의 교구에 있는 희생자를 직접 돌보는 방식으로 바뀌었습니다. 시의회는 제네바의 목사를 보호하기 위해 외국인 목회자들을 고용하는 방식을 택하려고 했으나, 제네바목사회는 시의회의 제안을 거부하고 자신들이 직접 양떼를 돌보아야 할 의무가 있다고 주장했습니다.

베자는 1579년 『흑사병에 대한 질문들』이라는 책을 출판합니다. 이 책은 크리스토프 뤼타르트의 주장, 즉 흑사병은 하나님의 형벌이기에 예방하거나 피해서는 안 된다는 주장에 대해 논박하는 내용을 담고 있습니다. 베자가 이 책을 저술한 것은 전염병이 창궐한 상황에서 목회자가 직무를 올바르게 감당하도록 하고, 그리스도인들에게 위로와 양심의 평화를 주고자 함이었습니다. 비록 흑사병이 하나님의 주권에서 비롯된 것이라 하더라도, 하나님이 허락하신 다른 수단, 즉 약이나 의술과 같은 이차 수단을 통해 치유할 수 있다고 베자는 주장합니다. 또한, 경건과 사랑이라는 의무를 성취하는 한에서, 흑사병을 피해 도망하는 것도 허용될 수 있으며 오히려 지혜로운 처신이라고 조언합니다. 이성과 경험은 "빨리 [달아나고], 멀리 [달아나고], 늦게 [돌아오라]"가 질병을 피하는 가장 효과적인 전략임을 입증하고 있기 때문입니다. 목사의 의무로 보자면 무조건 병자를 찾아야 합니다. 그러나 공적인 직무를 생각한다면 자신을 지키는 것도 중요한 덕목입니다. 베자는 목회자들에게 병의 원인에 대해서 논쟁하기보다는 우리의 죄에 대한 벌로 이 병을 내린 하나님의 뜻이 무엇인지를 생각하여, 성도들을 어떻게 회개의 자리로 인도할 것인지, 그리고 하나님께서 주신 그 자리에서 어떻게 다른 사람들을 사랑하고 그들에게 자비를 베풀 수 있도록 독려할 것인지에 집중해야 한다고 조언합니다.

우리는 어떻게 해야 합니까?

흑사병에 대처했던 츠빙글리, 루터, 칼뱅, 베자를 살펴보면서 지금 코로나19 사태를 맞이한 우리가 어떻게 해야 할지 되짚어 헤아려 봅니다.

첫째로, 편견을 가진 혐오가 아니라, 긍휼히 여기는 마음으로 연대하는 것이 우선입니다. 이 사태의 원인이 누구 때문이라며, 무엇 때문이라며 논쟁하거나 희생양을 만들 것이 아니라, 어떻게 이 사태를 극복하고 아픔과 슬픔을 당한 사람들을 돌보며 그들을 부둥켜안아 일으킬 수 있을지에 전념해야 합니다. 흑사병으로 인해 유럽에서 희생양을 찾기 위해 유대인 혐오와 마녀사냥이 기승을 부린 아픈 역사로부터 반면교사로 삼아야 합니다.

둘째로, '우리가 죄인입니다'라는 회개가 요청됩니다. 우리의 끝이 없는 욕심, 식물이든 동물이든 모든 자연과 환경을 인간의 편의를 위해 착취하려는 그 욕심이 이 불행을 낳았고, 무한경쟁과 승자독식의 욕심을 버리지 않는 한 이보다 더 큰 고난이 닥칠 수 있음을 두려운 마음으로 깨달아야 합니다. 비록 우리의 상황이 캄캄하지만, 신실하신 하나님 약속의 말씀, "내 백성이 그들의 악한 길에서 떠나 스스로 낮추고 기도하여 내 얼굴을 찾으면 내가 하늘에서 듣고 그들의 죄를 사하고 그들의 땅을 고칠지라."^{대하 7:14}는 이 약속이 우리로 새 소망을 갖게 합니다.

셋째로, 일상의 감사를 회복해야 합니다. 사람을 만나 반갑게 악수하고 껴안을 수 있는 것이 얼마나 소중한지, 함께 모여 예배할 수 있음이 얼마나 눈물겨운지, 더불어 밥 먹을 수 있는 것이 또 얼마나 감사한지, 하나님이 허락하신 일상이 축제이며 감사입니다. 우리가 일상 속에서 너무나 당연했기에 하나님의 은혜를 생각지도 깨닫지도 못했는지 모릅니다. 범사 감사를 떨리는 마음으로 고백하고, 하나님이 주시는 회복의 은혜를 간구합니다. "주님께서 참으로 우리를 악한 자의 덫에서 빼내 주시고, 심한 전염병으로부터 지켜주실 것입니다. 주님께서 그의 날개로 우리를 덮어 주시니 우리가 그 날개 아래로 피할 것입니다. 주님의 진실함이 우리를 지켜주는 방패와 갑옷입니다."^{시 91:3-4}

다음 문헌을 참고했습니다.

Luther, Martin. "Whether One May Flee From A Deadly Plague." *Luther's Works*, *Volume* 43. Fortress Press, 1968.

Calvin, John. *Letters of John Calvin*. Volume 1. Edited by Jules Bonnet. Burt Franklin Reprints, 1972.

스캇 마네치 지음. 『칼빈의 제네바 목사회의 활동과 역사』. 신호섭 옮김. 부흥과개 혁사, 2019.

양신혜. 『베자』. 익투스, 2020.

교회와 재난:
한국교회를 중심으로

안교성

장로회신학대학교 교수 | 한국교회사

　　인류 역사상 재난은 항상 있었습니다. 그러나 최근
에는 재난의 범위나 강도가 점차 심각해짐에 따라, 재난
이 하나의 학문 분야로 등장할 정도입니다. 다시 말해,
세계가 재난 사회가 되고 있습니다. 그런데 재난은 인류
의 문제일 뿐 아니라 기독교인의 문제입니다. 특히 성경
에는 재난의 중요한 한 형태로 질병이 나옵니다. 그 예로
출애굽기의 10가지 재앙, 요한계시록의 진노의 일곱 대

접 등을 들 수 있습니다. 요즘 말로 질병인데, 현재 초미의 관심거리인 코로나19 전염병도 여기에 포함됩니다.

믿음, 소망, 사랑의 공동체

교회는 재난에 대해서 어떤 응답을 해야 할까요? 간단히 말해, 교회는 재난에 있어서 기독교의 3가지 덕이라고 하는 믿음, 사랑, 소망을 재확인하고 실천해야 합니다. 최근 한국교회는 코로나19 사태와 관련하여, 예배 지속 혹은 일시 중단의 문제로 인해 큰 갈등과 홍역을 앓고 있습니다. 이 문제는 주로 믿음의 차원에 속한다고 하겠습니다. 물론 이것은 큰일이고, 신앙적이면서도 현실적인 해결책이 나와야 합니다. 그러나 교회는 눈을 들어 사랑과 소망의 차원도 살펴봐야 합니다. 교회사를 보면, 교회는 재난을 당할 때, 희생적인 사랑을 보임으로써 그 진정성을 인정받았습니다. 그런 희생적인 사랑은 소망에서 나왔고, 또한 소망을 지금 여기에서 실천하는 것입니다.

교회와 재난의 관계에 있어서, 교회는 외적으로는 재난을 극복하기 위한 사랑의 실천에 앞장서야 하고, 내

재난과 교회 | 코로나19 그리고 그 이후를 위한 신학적 성찰

적으로는 재난을 대처하는 재난대처 공동체 혹은 위기관
리 공동체가 되어야 합니다. 첫째, 사랑의 실천에 대해 간
단히 살펴보겠습니다. 기독교는 세상으로부터 크게 두 가
지 면에서 인정을 받았습니다. 하나는 기독교가 진정한
신앙공동체가 될 때였습니다. 사도행전 11장에 나오듯이,
기독교가 인종의 경계를 넘어서서 진정한 신앙과 신앙생
활의 모습을 보이는 공동체가 될 때, 주위 사람들은 그들
을 가리켜 그리스도인이라고 부르기 시작했습니다. 즉 기
독교는 선망의 대상이 되었습니다. 그리스도인이라는 명
칭은 기독교인 스스로가 붙인 것이 아니라 주위 사람들이
기독교인의 아름다운 믿음을 보고 붙여준 별명입니다.

　　다른 하나는 기독교가 희생적 사상을 실천하는 사랑
공동체가 될 때였습니다. 기독교는 교회사를 관통하면서
지속적으로 희생정신을 보여주었고, 그때마다 주위 사람
들은 감명을 받아 기독교를 인정했습니다. 이런 사실은
교회사가, 선교역사가, 심지어 종교사회학자까지도 지적
하고 있습니다. 가령 로드니 스타크는『기독교의 발흥』에
서 이런 희생정신을 기독교 성장의 주요인으로 손꼽은 바
있습니다. 그런데 초대교회 당시 기독교인들은 위에서
언급한 그리스도인이라는 명칭만큼 잘 알려지지는 않았

지만, 또 다른 별명을 얻게 되었다는 주장이 있습니다. 곧 '던지는 자'^{무릅쓰는 자}라는 것인데, 기독교인들이 전염병 이 퍼진 가운데 희생적인 자원봉사를 하는 모습을 보고, 사람들이 그들을 '자기 목숨을 던지는 자'라고 불렀다는 것입니다.[1] 교회는 교인에게 사랑의 실천을 강요할 수 없지만, 이것의 중요성을 일깨우고 격려해야 합니다.

스페인 독감과 교회

둘째, 재난의 대처에 대해 간단히 살펴보겠습니다. 인류역사상 대표적인 전염병 재난이었던 스페인 독감의 경우를 들여다보고자 합니다. 먼저 이 스페인 독감은 교회의 예배를 크게 변화시켰습니다. 미국의 경우, 학교는 물론 교회도 폐쇄했습니다. 오늘날 한국의 경우, 코로나19가 언제까지 어느 정도나 지속할 지 전망하기 어렵습니다. 아직은 코로나19 상황이 스페인 독감 정도로 확산되지 않아 그나마 예배 지속이냐 일시 중단이냐 하는 논란이 벌어지고 있지만, 만일 이 사태가 걷잡을 수 없이 악화된다면 결국 교회는 사회 전반에 걸친 조치로 인하여 교회의 의사와 상관없이 폐쇄될 전망이 높습니다. 이미 중국에서는 교회를 포함한 집회를 금지하고 있고, 몽골의 경우는 5인 이상의 집회를 금지하여 학교와 교회는 물론이고 결혼식과 명절까지 금지하고 있습니다. 한국교회에 지대한 영향을 준 미국 교회의 경우도 엄청난 재난 앞에서 주일성수의 변화를 겪을 수밖에 없었음을 기억할 필요가 있습니다.

그런데 스페인 독감이 바꿔놓은 것은 예배 출석만이 아니었습니다. 기독교의 성례 중 가장 중요한 것 가운데 하나인 성찬례의 양상까지 바꾸었습니다. 기독교는 성찬례에서 하나의 잔을 공동으로 사용했는데, 19세기 말부터 점차 의학적 지식이 증가하면서 개인 잔을 사용하기 시작했습니다. 그런데 스페인 독감으로 인하여, 개인 잔 사용이 결정적으로 확산되었습니다. 그 결과 성찬례를 할 때 하나의 잔을 공동으로 사용하기 때문에 생기는 위생상의 염려를 할 필요가 없게 된 것이지요. 따라서 성찬례의 형식도 만고불변이 아니었음을 기억할 필요가 있습니다. 오늘날 당연시되는 개인 잔 사용은 불과 1세기 남짓한 관례인 셈입니다.

교회는 역사상 다양한 재난의 도전에 응전했습니다.

위에서도 언급했듯이, 교회는 재난에 굴복하지 않았습니다. 따라서 우리는 과거를 돌아보면서 교회사에 나타난 교회와 재난 특히 한국교회와 재난의 관계를 살핌으로써, 교훈도 얻고 좋은 구상도 얻을 수 있습니다. 그러나 세계가 갈수록 재난 사회의 특징을 강하게 나타나는 마당에, 교회가 현재를 직면하고 미래를 대비하기 위하여 적극적으로 재난대처 공동체로 전환하는 일을 미뤄서는 안 될 것입니다. 이를 위해서 생각하고 준비하고 감당할 일이 많습니다. 어쩌면 교회와 재난의 관계는 이제부터 본격적으로 시작되는지도 모릅니다.

한국교회와 재난

한국의 근현대사는 격동의 역사입니다. 따라서 한국의 근현대사에 등장한 기독교의 역사 역시 격동의 역사일 수밖에 없습니다. 한국기독교의 역사는 재난의 도전과 이에 대한 교회의 응전으로 점철되어 있습니다.

첫째, 자연재해입니다. 1889년 큰 기근이 벌어졌고, 개신교와 가톨릭교회가 공동으로 구호사업을 벌인 바 있습니다. 안타깝게도 한국에서는 과거에 일반적으로 개신교와 가톨릭교회가 사이가 좋지 않았는데, 이런 맥락을 생각해볼 때 이 공동 구호사업은 거의 예외적인 일이라고 할 수 있습니다. 개신교와 가톨릭교회의 관계가 개선되기 시작한 것은 1960년대의 제2차 바티칸공의회를 계기로 가톨릭교회가 타 교파 및 타 종교에 개방적이고 우호적인 자세를 취하기 시작했던 때부터였습니다. 이밖에 교단총회 보고서를 보면, 한국과 한국교회가 가난한 형편임에도 불구하고 해외의 재난을 위해 헌금 등 도움을 주기로 결정한 사례가 적지 않습니다.

둘째, 19세기 말 전후하여 전염병이 거듭되었습니다. 이런 상황에서 한국에서 선교를 개시한 지 얼마 되지 않은 의료선교사들이 놀라운 의술과 더불어 희생정신을 발휘했습니다. 오늘날 선교사 묘역으로 유명한 양화진외국인선교사묘원이 생겨난 것도, 미북장로교선교사 존 헤론[1856-1890]이 장거리 지방 왕진을 갔다가 전염병에 걸려 갑자기 서거함으로써, 그의 매장이 문제가 되어 급거 묘원을 마련하는 과정에서 비롯되었습니다. 그로부터 4년 뒤 미감리교선교사 윌리엄 제임스 홀[1860-1894]은 청일전쟁 당시 치료에 헌신하다가 전염병에 감염되어 서울로 급히

호송되어 치료받던 중 서거했습니다. 그런데 이런 비극에도 불구하고 그의 아내인 로제타 셔우드 홀 여사[1865-1951]는 한국으로 돌아와 한국인 여의사 양성, 한국인 여의학교 설립을 위해 헌신했고, 그의 아들인 셔우드 홀[1893-?] 역시 2세대 선교사로 한국으로 돌아와 결핵 퇴치에 혁혁한 공을 세웠습니다. 이후에도 선교지에서 사람들을 고치려다가 희생된 의료선교사들은 일일이 열거하기 어려울 정도로 많았습니다.

셋째, 전쟁을 빼놓을 수 없습니다. 사실 한국의 근현대사는 한반도를 둘러싼 전쟁의 역사라고도 할 수 있습니다. 1894년 청일전쟁, 1904년 러일전쟁, 1914년 제1차 세계대전, 1931년 만주사변, 1937년 중일전쟁, 1941년 태평양전쟁[1939년 제2차 세계대전], 1950년 한국전쟁 등 거의 10년 단위로 전쟁이 이어졌습니다. 한반도에서 전쟁이 그친 지 아직 1세기가 되지 못했습니다. 전쟁은 인류 최대의 비극이고 갈수록 전면전의 성격을 띰에 따라 군인과 민간인의 구분마저 힘든 처참한 사건입니다. 더구나 이런 과정에 놓인 한국은 식민지화, 분단, 동족 간 전쟁 등으로 내부 상황마저 악화일로에 있었습니다. 이런 가운데서도 기독교인들은 재난에 수동적으로 굴복하지만 않고, 믿음, 소망, 사랑의 계기로 삼았습니다. 일일이 사례를 열거할 수 없어, 대표적인 것만 들기로 하겠습니다. 19세기 말에 벌어진 청일전쟁은 한반도에서 벌어진 신식 무기를 동원한 최초의 대규모 전쟁이었고, 평양이 중심적인 격전지였습니다. 당시 평양에서 사역하던 선교사들이 전쟁 가운데서도 용감하게 역할을 감당했습니다. 미 북장로교선교사 사무엘 마펫1864-1935은 교인 보호를 위하여 평양을 지키다가 부득이 서울로 일시 올라왔지만, 상황이 정리되자마자 평양으로 급히 돌아갔습니다. 한편 위에서 언급한 홀 선교사와 동역했던 한국기독교인 김창식은 홀로 평양에 남아 미감리회 소속 시약소 건물에 십자가를 내걸고 지켰고, 서울로 올라간 선교사들에게 소식을 전했습니다. 이후 홀과 마펫이 상황이 허락하자마자 임시 여행허가증을 받고 곧바로 평양으로 돌아갔습니다.[2] 홀은 이렇게 돌아간 평양에서 치료에 힘쓰다가 결국 서거했던 것입니다.

20세기 중반의 대표적인 전쟁인 한국전쟁은 여러 가지 면에서 언급할 것이 많지만, 특히 전선이 한반도의 거의 전역을 여러 차례 휩쓸었던 탓에, 특히 민간인의 희생이 컸던 전쟁이었습니다. 전쟁 수행이나 전쟁 중 구호 및 전후 복구에 절대적인 영향을 미친 것이 유엔이었고, 그중에서도 미국이 중심이었습니다. 이밖에도 수많은 민간 구호 단체가 참여했고, 심지어 한국전쟁을 통해 새로 생긴 단체까지 있을 정도입니다. 이런 구호 및 복구에 있어서 국내외적인 통로가 된 것이 바로 한국 교회였습니다. 한국 교회는 20세기 전반까지는 소규모 종교집단이었지만 사회적 영향력이 컸고, 교회 분야는 자립했지만 기독교 기관은 서구교회의 지도하에 있었는데, 결과적으로 수많은 교회지도자 및 사회지도자를 배출했습니다. 한국 교회와 이런 지도자들이 한국의 사회와 교회가 전화의 폐해로부터 다시 일어서는데 크게 기여했습니다. 사실 한국 교회가 한국전쟁 이전에는 자립정책에 의해서 내부적으로는 교회 재정의 자립을 추구했지만 외부적으로는 사회 구호에 소홀한 면이 있었는데, 한국전쟁을 통해서 내부적으로는 교회 재정의 의존 특히 해외 의존이 강해진 대신 외부적으로는 민간 구호의 주요 통로가 되었습니다. 한마디로 한국전쟁을 겪으면서 교회를 통한 구호의 혜택을 입지 않은 사람이 없다는 말까지 나올 정도였습니다.

넷째, 나라 사랑으로 인한 고난입니다. 삼일독립운

동 당시, 한국교회는 정신적 지도자였을 뿐 아니라 실질적인 대표적 피해집단이었습니다. 당시 교세에 비해서 한국 기독교인은 피해자의 다수를 차지했습니다. 교회는 핍박받고, 노회, 총회 등이 정상적으로 운영되지 못했으며, 총회장도 선교사 시대에서 한국기독교인 시대로 넘어온 지 이미 수년이 되었지만 문제를 최소화하기 위하여 선교사를 다시 선출했습니다. 이렇듯 온갖 고초를 당했지만, 한국교회는 꺾이지 않았습니다. 캐나다 출신 미북장로교선교사였던 제임스 스카스 게일[1863-1937]은 삼일독립운동으로 인하여 기독교인들이 서대문형무소를 가득 채웠을 때 기도와 찬양을 이어가는 모습을 보고, 그곳이야말로 위대한 부흥의 장소였다고 고백한 적이 있습니다. 사실 감옥을 교회요 성경학교로 바꾼 것은 한국교회의 유구한 전통입니다. 청년 이승만이 입헌군주제 문제로 투옥되었을 때도 그랬고, 신사참배 당시도 그랬으며, 한국전쟁 당시 포로수용소에서도 그랬습니다.

다섯째, 산업화와 민주화로 대표되는 국가건설의 문제였습니다. 한국교회는 산업화에도 기여했을 뿐 아니라, 산업화의 이면에 노출된 문제들을 극복하기 위한 민주화에도 기여했습니다. 이것은 자타가 공인하는 바입니다. 한국교회는 온갖 재난에도 불구하고, 이에 굴복하지 않고 지속적으로 발전해왔습니다. 비록 최근에는 교회 성장 둔화 내지 쇠퇴의 문제가 거론되고, 교회가 개혁의 주체가 아니라 개혁의 대상이라거나 교회가 세상을 염려하는 것이 아니라 세상이 교회를 염려한다는 말이 회자되고 있습니다. 그러나 이런 문제에도 불구하고, 한국 사회가 한국 교회에 거는 기대는 여전히 남아 있습니다. 한국 교회는 더 이상 소수집단이 아닙니다. 따라서 책임 있는 자세가 필요합니다.

마지막, 사회적 갈등입니다. 21세기의 최대 사건들로 손꼽을 수 있는 것이 세월호 사건과 코로나19입니다. 특히 코로나19는 최근의 여타 전염병과 달리 세계적 전염병으로 급속도로 발전하고 있습니다. 그런데 공교롭게도 두 사건 모두 기독교에서 이단시하는 종파들과 관련되어 있습니다. 바로 구원파와 신천지입니다. 이 종파들과 기독교의 관계, 이 종파들에 대한 기독교의 책임 등에 대해서는 이 자리에서 다루지 않겠습니다. 다만 현재 초미의 관심인 코로나19에 대해서는 적어도 한 가지 짚고 넘어갈 일이 있습니다. 그것은 한국교회가 교회 성장 이데올로기에 매몰되고 도시화 등의 이동 현상에 적절하게 대응하지 못하면서, 포기한 것이 바로 이명증서라는 소중한 유산입니다. 이로 인하여 교인 관리, 교단 통제 등 행정적인 측면은 물론이고 치리라는 영적인 측면도 해결 불가능 상태가 되고 말았습니다. 만일 한국교회가 이명증서라는 전통을 지켜 나왔다면, 다른 집단은 몰라도 적어도 신천지는 오늘날처럼 기승을 부리지는 못했을 것입니다. 지금 한국에서 신천지 문제로 인하여 한국교회도 비난에서 무관하지 않은 상황이라는 것을 염두에 두어야 합니다. 또한 이런 비난을 벗어나는 데는, 이단성 여부나 신앙 헌신도 여부 같은 교회 내적 논란이 아니라 교회의 사회 기여도 같은 교회 외적인 논란이 중요하다는 것을 명심해야 합니다.

재난대처 공동체

한국교회는 최근 위기에 봉착해서, 특히 예배 문제로 염려하고 있습니다. 사실 주일성수가 중요하고 또한 해야 하지만, 너무 단기적인 관점에서 염려할 필요는 없습니다. 교회는 초대교회 이래로 신앙적 박해 가운데 순교자도 배출했지만, 대다수는 은둔하는 가운데 신앙을 유지했습니다. 로마제국의 경우, 3세기에 걸친 박해 속에서도 신앙의 불은 꺼지지 않았습니다. 일본도 3세기에 걸친 박해 속에서도 신앙을 이어간 집단이 있었고, 일본 개국 후 이들이 지상에 나타남으로써 재일선교사들을 경악하게 만든 일이 있습니다. 한국 가톨릭교회도 2세기에 걸친 박해 속에서도 신앙을 지켜서 세계가 놀랄 만큼 부흥한 신생교회가 되었습니다. 지금 북한에서 신앙의 자유가 제한되지만, 아직 1세기도 되지 않았기에 어디선가 신앙의 끈을 놓치지 않고 이어나가는 사람들이 분명히 있을 것입니다. 이런 모든 상황을 긴 안목에서 볼 일입니다.

앞서서도 말했듯이, 세계는 급속도로 재난 사회로 돌입하고 있습니다. 더구나 세계화로 인하여, 모든 전염병은 세계적 전염병이 될 가능성이 높습니다. 스페인 독감이 세계적으로 번진 것도 주된 원인은 제1차 세계대전을 마치고 각국으로 귀국한 병사들이었습니다. 그런데 오늘날 국가 간 이동은 일상이 되어 버렸습니다. 웬디 게이드 Wendy J. Gade 는 응급의학을 전공한 기독교인으로 세계적 전염병이 지속되는 상황을 보면서, 교회가 재난대처 공동체가 되어야 할 필요성을 강조했습니다. 즉 그는 『교회를 위한 세계적 전염병 독감 계획: 위기의 시기에 공동체를 섬기기』에서, 교회가 재난 대처에 앞장설 뿐 아니라, 나아가 재난 대처 공동체가 되어야 한다고 강조했습니다. 이제 재난은 신학적 문제일 뿐 아니라 목회적 문제가 되었습니다. 교회는 재난을 직면하면서, 교회 자체와 교회의 이웃 사회를 재난으로부터 보호하고 문제를 해결하는 위기관리 공동체가 되어야 합니다. 교회가 재난대처 공동체가 되려면 해야 할 일이 너무 많습니다. 교회는 지금이라도 이 길을 성큼성큼 걸어 나가야 할 것입니다.

미주

1   Wendy J. Gade, *Pandemic Flu Plan for the Church: Ministering to the Community in a Time of Crisis* (Bloomington, IN: WestBow Press, 2016).

2   이덕주, 『스크랜턴: 어머니와 아들의 조선 선교 이야기』(서울: 공옥, 2014), 338-339.

다음 문헌을 참고했습니다.

로드니 스타크. 『기독교의 발흥: 사회과학자의 시선으로 탐색한 초기 기독교 성장의 요인』. 손현선 옮김. 서울: 좋은씨앗, 2016.

이덕주. 『스크랜턴: 어머니와 아들의 조선 선교 이야기』. 서울: 공옥, 2014.

Gade, Wendy J. *Pandemic Flu Plan for the Church: Ministering to the Community in a Time of Crisis.* Bloomington: WestBow Press, 2016.

코로나19에 대한 조직신학적 성찰: 하나님, 도대체 어디에 계십니까?

백충현

장로회신학대학교 교수 | 조직신학

　　오늘날 전 세계가 엄청난 처참함을 목도하고 있습니다. 2019년 말부터 중국 우한에서 시작된 코로나19가 점차 확산되더니 불과 몇 개월 만에 전 세계를 휩쓸고 있습니다. 수십만 명이 확진자가 되고 수만 명이 사망하거나 사경을 헤매고 있습니다. 수다한 이들이 격리되고 지역과 도시가 봉쇄되며 국경은 폐쇄되고 있습니다. 학교도 개학이 연기되거나 온라인수업으로 대체되고 있으며, 확진자의 발길이 닿은 가게, 식당, 쇼핑몰, 백화점, 직장은 일시 폐쇄되기도 합니다. 이로 인하여 세계의 산업과 경제와 금융이 휘청거리고 있고 수많은 이들이 생업과 생존조차 어려워 하루하루 버티는 것이 너무나 힘겨운 일이 되고 있습니다.

하나님, 도대체 어디에 계십니까?

'하나님, 도대체 어디에 계십니까?' 이 질문은 단지 지적 호기심에서 나오는 것이 아닙니다. 불안과 두려움과 공포와 절망으로 휩싸인 오늘날과 같은 실존적 위기의 상황 속에서 나오는 것입니다. 갑자기 휘몰아친 코로나19로 원치 않게 감염되어 가족과 떨어져 홀로 음압병상에 들어가는 순간에 이렇게 묻습니다. 양성판정을 받았으나 병실이 없어 아무런 의료적 지원도 받지 못한 채 집에 누워있는 순간에 이렇게 묻습니다. 입원 가능한 병실을 찾아 헤매며 달려가는 구급차 안에서 산소호흡기로 연명하는 다급한 순간에 이렇게 묻습니다. 평생 주일성수를 하였는데 갈 수가 없어 눈물을 흘리는 성도의 마음 속에서 이렇게 묻습니다. 온라인으로 예배를 드리지만 텅 빈 예배당을 보며 울컥해지는 마음으로 이렇게 묻습니다. 나름대로 예방을 하며 조심스레 모인 예배와 수련회이지만 의도치 않게 확진자들이 나오면서 언론과 사회가 교회를 이단 신천지와 동일시하고 반사회적 이기적인 집단으로 매도하며 집중적으로 비판하는 것을 보면서 이렇게 묻습니다.

'하나님, 도대체 어디에 계십니까?'라는 질문은 극심한 실존적 고통의 체험 속에서 나오는 것이기에 우리는 계속 고민하게 되고 꼬리에 꼬리를 무는 허다한 생각들로 혼란과 갈등을 겪습니다. 즉, 지금까지 내가 믿어왔던 하나님이 과연 계신가? 계신다면 어디에 계신가? 과연 참하나님이신가? 내 믿음이 과연 맞는가? 잘못된 것은 아닌가? 등등의 생각들로 이어집니다. 또한, 만약 하나님이 계신다면, 왜 이런 일이 내게 일어나는가? 하나님은 왜 나한테만 이러시는 것인가? 하나님이 전능하시다면 왜 이런 일을 그냥 보고만 계시는가? 등등의 생각들로 나아갑니다.

그런데 조금 더 찾아보니 이러한 질문은 오늘날에만 제기되는 것이 아니었습니다. 근현대의 역사 속에서 대

재난과 교회 | 코로나19 그리고 그 이후를 위한 신학적 성찰

표적인 두 가지 예를 들어보겠습니다. 첫째, 노벨평화상을 받았던 엘리 위젤1928-2016의 자전적 소설 『나이트』가 있습니다. 제2차 세계대전 중 독일 나치에 의해 수백만 명의 유대인들이 무고하게 죽어가는 처참함을 십 대의 나이에 직접 체험한 것을 바탕으로 쓴 소설입니다. 죽음의 수용소에서 어린 아이가 무고하게 교수대에 매달려 죽어가는 것을 보고 있는 이들이 "하나님은 어디에 계시는가?"라고 수군거립니다.

둘째, 1755년 11월 1일 아침 수많은 사람이 만성절 축일을 준비하고 있는 순간에 엄청난 지진이 발생했고 뒤따라 거대한 해일이 덮치면서 포르투갈의 중심도시 리스본에서는 수만 명의 사람이 사망하였고 도시는 철저히 폐허가 되었습니다. 이때 많은 이들이 "하나님은 어디에 계시는가?"라고 외쳤습니다. 프랑스 계몽주의자 볼테르는 자신의 철학적 소설 『캉디드』에서 리스본 대지진을 다루면서 세계는 모든 것이 최선의 상태에 있다고 주창하는 당대의 낙관주의적 철학과 종교적 신념을 신랄하게 풍자하였습니다.

그러니 이러한 질문은 나 혼자만의 것이 아닙니다. 어쩌면 에덴동산 밖에서의 인류의 역사와 함께 줄곧 제기된 모든 사람의 공통적인 질문입니다. 이 점을 아는 것이 중요합니다. 불안과 두려움과 공포와 절망 속에 나 혼자만 그런 것이 아님을 아는 것 자체로 나름의 위안을 느낄 수 있습니다. 그렇다고 해서 이것이 모든 해결책이 되는 것은 아니겠지요.

'하나님, 도대체 어디에 계십니까?' 이 질문은 신학과 철학에서 신정론theodicy이라고 명명되는 주제로 수렴됩니다. 이 주제는 신theos의 정당성/의로움dike과 관련이 있는데, 특히 이 세상에 끔찍한 악과 고통이 많음에도 불구하고 신이 과연 의로우시고 정의로우신지를 다룹니다.

미국 프린스턴신학교 조직신학 교수였던 다니엘 밀리오리의 책 『이해를 추구하는 신앙: 기독교 조직신학 개론』에 따르면, 일곱 가지 입장의 신정론들이 있습니다. ① 우리 인간이 하나님의 뜻을 다 알 수 없다고 주장하는 불가해성의 입장, ② 악인에 대한 하나님의 처벌과 징계로 여기는 입장, ③ 고통을 통한 인간의 영적 성장을 뜻하시는 하나님의 교육 및 연단이라고 여기는 입장, ④ 하나님의 선하심을 의문시하는 항의의 신정론의 입장, ⑤ 하나님의 전능성을 제한하는 과정신학의 신정론의 입장,

⑥ 하나님의 형상으로서의 인간이 성숙한 존재로 성장하도록 돕는다고 보는 인격 형성의 신정론의 입장, ⑦ 고통의 구조에 맞서서 사회개혁을 주창하는 해방신학의 신정론의 입장입니다.

각각의 입장에는 나름대로 장점과 단점이 모두 있기 때문에 어느 특정한 상황에서 너무 성급하게 하나의 입장으로 단정하지 말아야 합니다. 예를 들면, 모든 재난과 고통을 하나님의 징계라고 속단하지 말아야 합니다. 구약성경에서 욥의 고난을 듣고 그를 위로하고자 찾아온 친구들은 그의 죄 때문에 생긴 것이라고 단정하지만 욥기 전체를 읽어보면 그렇지 않습니다 욥 1-42. 신약성경에서 날 때부터 시각장애인이 된 사람의 고통에 대해 사람들이 부모의 죄 때문인지 또는 본인의 죄 때문인지 왈가왈부하지만 예수님은 그렇지 않다고 말씀하셨습니다 요 9:1-41. 어느 입장일 것인지를 선명하게 파악하려면 오랜 시간의 분별과 진단이 필요합니다. 캄캄한 터널 안에서는 아무것도 보이지 않고 터널을 빠져나와야만 전체를 볼 수 있는 것과 같습니다.

하나님은 진정 누구이신가?

그러면 우리는 재난과 고통의 상황 속에서 어떻게
하면 좋겠습니까? 어느 상황에서든 하나님의 진정한 모
습에 더욱 주목하는 것입니다. 여기에 관해서는 현대의
대표적인 개혁신학자 위르겐 몰트만[1926-현재]의 책 『십자가
에 달리신 하나님』이 하나의 좋은 안내가 됩니다. 위에서
언급하였던 엘리 위젤의 질문―하나님은 어디에 계시는
가―에 대해 많은 현대인들이 "세상이 이렇게 처참하고
끔찍한데, 하나님이 어디 있어? 없어!"라고 말하며 무신
론적 답변을 제시하였습니다. 이와는 반대로 몰트만의
책은 "그래도 하나님은 계셔! 어디에 계시냐구? 십자가에
계시잖아."라고 말하며 하나의 신학적 답변을 제시하였
습니다.

몰트만의 책에 따르면, 십자가에 달리신 성자 예수
그리스도의 고통에 대해 성부 하나님은 그저 냉담하게 보
고만 계시지 않고 그 고통을 함께 느끼십니다. 그리고 성
령은 이러한 고통에 함께 참여하십니다. 그러기에 십자
가 사건은 성자의 고통, 성부의 공감, 성령의 동참이 있
는 삼위일체적 사건입니다. 이 사건에서 드러난 하나님

의 모습은 바로 세상을 위한 고통을 느끼시고 공감하시고 동참하시는 하나님이십니다. 그러니 어떤 고통의 상황 속에 있다고 할지라도 십자가를 통하여 나와 함께, 우리와 함께, 인류와 함께, 온 세상과 함께 고통을 느끼시고 공감하시고 동참하시는 삼위일체 하나님을 바라볼 수 있으면 좋겠습니다.

북간도 명동촌 기독교 가정에서 태어났던 윤동주 1917-1945는 세상을 향한 하나님의 이러한 모습을 일찍이 시적 감수성으로 포착하였습니다. 그의 현존하는 작품 중에서 가장 오래되고 가장 처음 것으로 알려진 시가 〈초 한 대〉입니다. 17세가 되는 1934년 성탄절을 하루 앞둔 12월 24일에 쓴 것입니다.

> 초 한 대
> 내 방에 품긴 향내를 맡는다.
>
> 광명의 제단이 무너지기 전
> 나는 깨끗한 제물을 보았다.
>
> 염소의 갈비뼈 같은 그의 몸,

그의 생명인 심지心志 까지
백옥 같은 눈물과 피를 흘려
불살라 버린다.

그리고 책상머리에 아롱거리며
선녀처럼 촛불은 춤을 춘다.

매를 본 꿩이 도망하듯이
암흑이 창구멍으로 도망한
나의 방에 품긴
제물의 위대한 향내를 맛보노라.

　이 시에 따르면, 예수 그리스도는 "백옥 같은 눈물
과 피를 흘려" "그의 생명인 심지까지 불살라 버리"시는
분이시며, 그럼으로써 암흑을 내쫓고 세상을 밝게 비추
며 위대한 향내를 풍기시는 분이십니다. 이러한 예수 그
리스도를 통하여 윤동주가 포착하여 노래하는 하나님은
바로 이 세상을 위하여 눈물로 슬퍼하시고 고통을 당하시
는 하나님이십니다.
　하나님께서 고통을 느끼신다고 해서 그 하나님이 전

능하지 않은 분이라고, 즉 아무런 힘이 없는 분이라고 말할 수 있을까요? 결단코 아닙니다. 다니엘 밀리오리는 『하나님의 권세, 세상의 권세』에서 고린도전서 1장 18-25절에 근거하여 결단코 아니라고 강조합니다.

> [18]십자가의 도가 멸망하는 자들에게는 미련한 것이요 구원을 받는 우리에게는 하나님의 능력이라 … [23]우리는 십자가에 못 박힌 그리스도를 전하니 … [24]오직 부르심을 받은 자들에게는 유대인이나 헬라인이나 그리스도는 하나님의 능력이요 하나님의 지혜니라 …

그러니 하나님은 능력의 하나님, 전능하신 하나님이십니다. 다만, 하나님의 전능성은 이 세상에서 힘과 권력으로 지배하고 군림하는 방식의 전능성과는 전혀 다릅니다. 하나님의 전능성은 이 세상을 사랑하시고 구원하시기 위하여 십자가에서 고통을 당하시고 공감하시며 동참하시는 가장 연약한 자가 되심으로써 발휘되는 전능성입니다. 하나님은 바로 이러한 하나님이십니다.

그러면 우리는 어떻게 할 것인가?

종교개혁자 장 칼뱅은 『기독교 강요』에서 하나님에 대한 앎과 인간에 대한 앎 사이에 상관관계가 있음을 명쾌하게 서술하였습니다. 즉, 하나님을 더 많이 알아갈수록 인간 자신을 더 제대로 알아가며, 또한 역으로도 마찬가지입니다. 그렇다면 코로나19와 관련한 이번 논의에서는 어떤 점들을 생각해볼 수 있겠습니까? 여러 가지가 있겠지만 여기에서는 전능성 개념을 중심으로 인간적인 차원과 교회적인 차원으로 두 가지를 살펴보고자 합니다.

첫째, 하나님의 전능성은 십자가에서 가장 연약한 자가 되심을 통해 발휘됨을 우리는 새롭게 발견하고 확인합니다. 그런데 이전에 우리는 하나님의 전능성을 만능성으로 오해한 것은 아닌지요? 마치 도깨비 방망인 것처럼, 또는 수퍼맨과 같은 초능력자의 힘인 것처럼 오해한 것은 아닌지요? 이러한 오해들은 힘, 능력, 권력에 대한 인간의 이해가 왜곡되어 있음을 알려줍니다. 또한, 이러한 오해들은 인간 자신이 힘, 능력, 권력을 지향하고 추구하는 이기적인 존재라는 점을, 그러기에 인간이 창조

세계 안에서 다른 피조물과의 공존과 공생을 추구하기보다는 인간중심적인 문명을 쌓아왔다는 점을, 그리고 사회 안에서 다른 동료 인간과의 협력을 추구하기보다는 자기중심적인 부와 권력과 명예를 쌓아왔다는 점을 드러내어 줍니다.

근래에 들어와 세계화, 4차 산업혁명, 인공지능, 우주정복, 포스트휴머니즘, 트랜스휴머니즘 등등 인간의 능력을 한껏 자랑하고 뽐내는 일들이 많아지고 있지만, 현상황에서는 인간이 아주 작고 미세한 바이러스 앞에서조차 꼼짝도 못하고 있는 것이 실상입니다. 그렇다면 우리는 십자가에서 가장 연약한 자가 되심을 통하여 발휘되는 하나님의 전능성처럼 피조세계 안에서 및 사회 안에서 약한 자와 작은 자와 함께 하는 공감과 동참과 연대의 삶을 추구하면 좋겠습니다. 그래야 하나님께서 창조시 본래 의도하신 하나님의 형상으로서의 인간성을 회복할 수 있으리라 기대합니다.

둘째, 하나님의 전능성은 십자가에서 가장 연약한 자가 되심을 통해 발휘되는데 이를 통하여 교회^{에클레시아}가 형성되었습니다. 하나님께서 구별하여 불러주신 자들의 모임으로서의 교회의 정체성은 하나님의 백성이며 거룩한 무리^{성도}입니다. 그리고 교회의 토대는 성부, 성자, 성령의 삼위일체 하나님입니다. 그런데 하나님의 전능성에 대한 오해로 인하여 많은 이들이 교회에 관하여 생각하고 말할 때에 건물의 크기와 규모, 설립 역사와 전통, 매주 헌금액과 연간 예산, 교인 등록수와 십일조 교인수 등등을 기준으로 합니다. 이렇게 되면 분명히 교회론의 본질에서 이탈하기 시작하는 것입니다. 하나님의 전능성의 관점에서 교회의 본질과 정체성을 회복하면 좋겠습니다. 특히, 재난과 고통의 상황에서는 "우는 자들과 함께 울라"^{롬 12:15}고 말씀하시는 주님의 마음으로 고통 중에 있는 모든 자들을 돌아보아 위로하고 이들의 회복을 위해 애쓰는 교회가 되면 좋겠습니다.

오늘날 코로나19가 전세계적으로 확산되고 있는 때에 상황상 교회가 한 건물이나 장소에 모이지 못한다고 하더라도 여전히 교회의 정체성을 유지할 수 있습니다. 교회의 건물과 장소가 필요하지만, 그렇다고 교회당이나 예배당 자체가 교회의 본질과 토대는 아니기 때문입니다. 어디에서 예배를 드려야하는지에 관한 사마리아 여인의 심각한 고민에 대해 예수님은 "이 산에서도 말고 예루살렘에서도 말고 … 하나님은 영이시니 예배하는 자가 영과 진리로 예배할지니라"요 4:21-24고 말씀하셨습니다. 상황상 모이지 못한다고 하더라도 온라인예배이든 디아스포라재택 예배이든 가정예배이든 각자 처한 곳에서 예배를 드리며 교회의 정체성을 구현해나갈 수 있습니다. 특히, 각자 주위의 마을과 지역사회에 이번 일로 인하여 경제적으로나 사회적으로 큰 어려움을 겪고 있는 약한 자들과 작은 자들을 위해 기도하고 돌아보는 하나님의 백성 및 성도가 되어야 하겠습니다.

지금까지 논의한 바와 같이, 불안과 두려움과 공포와 절망으로 휩싸인 오늘날과 같은 실존적 위기의 상황 속에서 우리는 "하나님, 도대체 어디에 계십니까?"라고 질문을 제기합니다. 참으로 어려운 질문이기는 하지만 이것을 통해 우리는 하나님의 진정한 모습에 더욱 더 주목하여 하나님을 새롭게 발견하고 더 가까이 다가갈 수 있습니다. 재난과 고통의 상황 속에서 우리는 하나님이 이 세상을 위하여 눈물로 슬퍼하시고 고통을 함께 느끼시는 분이심을 발견하고, 또한 하나님의 전능성은 십자가에서 가장 연약한 자가 되심을 통해 발휘된다는 점을 새롭게 깨닫습니다. 이러한 발견과 깨달음을 통해 인간이 자신을 성찰하여 인간중심주의적 또는 개인중심적인 삶을 버리고 공존과 공생과 협력과 연대의 삶을 회복하기를, 그리고 하나님의 백성 및 성도로서의 교회가 하나님의 진정한 모습을 닮아감으로써 그 정체성과 본질을 회복하기를 소망합니다.

다음 문헌을 참고했습니다.

존 칼빈. 『기독교 강요』. 김종흡 · 신복윤 · 이종성 · 한철하 공역. 서울: 생명의말씀사, 1999.

다니엘 밀리오리. 『기독교 조직신학 개론: 이해를 추구하는 신앙(개정3판)』. 신옥수 · 백충현 공역. 서울: 새물결플러스, 2016.

다니엘 밀리오리. 『하나님의 권세, 세상의 권세』. 황의무 옮김. 서울: 기독교문서선교회, 2015.

위르겐 몰트만. 『십자가에 달리신 하나님』. 김균진 옮김. 서울: 대한기독교서회, 1979.

캉디드 볼테르. 『캉디드』. 윤미기 옮김. 서울: 한울, 1991.

엘리 위젤. 『나이트』. 김하락 옮김. 고양: 예담, 2007.

코로나19 이후
새로워진 교회를 소망하며

김정형

장로회신학대학교 교수 | 조직신학

2020년 코로나19 감염병의 확산으로 인한 재난이 지구촌을 강타하고 있는 상황에서 한국 교회가 전에 없던 위기 상황에 봉착했습니다. 하지만 조금만 더 생각해 보면, 코로나 사태가 발생하기 이전부터 한국 교회는 이미 심각한 위기 상황에 놓여 있었습니다. 코로나 사태는 한국 교회가 이미 처해 있던 위기의 몇몇 측면들을 상기시키는 계기가 되었습니다. 이 글에서는 코로나 사태로 드러난 한국 교회의 근본적인 문제 몇 가지를 지적하고, 코로나 이후 한국 교회가 이 문제들을 없던 일처럼 덮고 가지 말고 직시하고 함께 극복해 나갈 것을 제안하고자 합니다.

세상을 섬기는 교회

감염병이 확산하는 국면에서 한국 교회가 가장 관심을 기울인 사안은 예배당 예배 중단 여부 및 대체 방안이었습니다. 한국 교회가 지금까지 소중하게 지켜온 주일성수의 고유한 전통을 생각할 때 이 시점에 예배의 형식 및 주일성수의 방법에 대해 다시금 진지하게 논의하는 것은 당연한 일일 것입니다. 다만 일반 시민들의 관점에서 볼 때 이것은 다분히 교회 내적인 사안입니다. 한국 사회 전체가 유례없는 재난에 직면한 상황에서 이처럼 교회 내적인 문제가 한국 교회의 최우선 관심사가 되었다는 사실은 외부자의 관점에서 볼 때 지극히 이기적인 모습으로 비칠 수 있습니다. 거기에 몇몇 교회들이 정부와 지자체의 권고에도 불구하고 예배당 예배를 강행하다 바이러스 확산의 진원지가 되었다는 사실이 언론을 통해 알려지면서, 교회에 대한 사회의 부정적인 시선은 날로 악화하고 있습니다. 물론 다수의 교회는 다중 밀집 모임을 중단하고 온라인 영상예배나 가정예배를 통해 예배당 예배를 대체하고 있습니다. 하지만 이것만으로는 지금의 재난 상황에서 한국 교회의 가장 중요한 관심사가 무엇이 되어야 하는지에 대한 근본적인 성찰이 부족하다는 인상을 줍니다.

교회는 분명 세상과 구별되는 거룩한 공동체가 되어야 합니다. 그리고 교회의 거룩성을 보여 주는 가장 분명한 증거 중 하나는 교회 밖 세상을 향한 교회의 선교적 관심과 실천에 있습니다. 교회가 세상에 존재하는 궁극적인 이유는 교회 자체의 유지나 성장에 있지 않습니다. 교회는 세상을 위한 공동체로, 세상과 함께 하는 공동체로, 세상 속에 존재합니다. 그렇게 교회는 세상의 빛과 소금이 됩니다. 하나님께서 그리스도의 피로 값 주고 사신 교회의 정체성과 사명과 운명은, 하나님께서 독생자를 내어주시기까지 사랑하신 이 세상의 운명과 뗄 수 없는 관계 속에 있습니다.

한국 사회와 지구촌 전체가 전례 없는 재난으로 위

기에 처한 이때 성도들이 교회 내적인 문제에 관심을 집중한다는 것은, 하나님이 사랑으로 돌보시는 세상에 대한 무관심과 공감 능력 상실을 보여 줍니다. 온 세상을 덮친 재난 앞에 무관심하고 무기력하고 무능력한, 심지어 집단 이기주의의 모습까지 보이는 교회의 모습은 세상의 빛과 소금이 되라고 말씀하신 예수님의 가르침에서 아주 멀리 떨어져 있다고 말할 수 있습니다.

지금 한국 교회의 안타까운 모습은 국권을 상실하고 일제 치하에서 온 백성이 울부짖던 시절 3·1독립운동에 앞장서고, 한국전쟁으로 한반도 온 땅이 황폐했을 때 곤경에 처한 고아와 과부들을 돌보기에 여념 없었던 과거 한국 교회의 모습과 사뭇 대조를 이룹니다.

이 와중에도 한국 교회의 아름다운 전통을 이어받아 국가 재난 상황에서 고통받는 이들을 돕기 위해 발 벗고 나선 교회들과 그리스도인들이 적지 않다는 것은 그나마 큰 위안이 됩니다. 특별히 마스크 구매에 어려움을 겪는 이웃을 위해 예배당을 수제 마스크 공장으로 만들고 목사님과 성도들이 공장 노동자로 변신한 한 교회의 이야기는 큰 감동과 시사점을 안겨 줍니다. 이 교회의 성도들은 예배당에 열심히 모이지만 일반 시민들이 그 모임을 정죄하거나 비난하지 않고, 오히려 칭찬하고 격려합니다. 이 교회 이야기를 전한 기사 제목은 교회가 예배를 멈춘 것처럼 말하고 있지만, 목사님과 성도들이 모이는 곳에 어떻게 예배가 빠질 수 있을까요? 예배당이 공장으로 변신했다고 어떻게 더는 교회가 아니라고 말할 수 있을까요? 성도들이 주일에 노동했다고 어떻게 주일성수의 엄중한 계명을 어겼다고 정죄할 수 있을까요? 오히려 이 교회의 창의적인 발상과 실천은 하나님께서 기뻐하시는 예배의 모습, 세상 속 교회의 바람직한 자리매김, 주일을 거룩하게 보내는 실제적인 방법에 대해 중요한 통찰을 줍니다. 이 교회가 본을 보여 준 것처럼 한국 교회가 '교회를 위한' 모임의 형식과 방법에 골몰하는 것이 아니라, '세상을 위한' 모임으로의 창의적인 자기 변신을 구상하고 그것을 실천에 옮긴다면, 일반 사람들이 교회 모임을 책망하고 질책하는 일은 사라질 것입니다. 오히려 교회의 선한 행실을 보고 세상 사람들이 하나님께 영광을 돌리지 않을까요?

무너진 교회 생태계의 복원

다음으로, 코로나19 사태는 한국 교회의 자기 정체성 및 사명 이해의 문제점뿐 아니라, 개교회주의의 확산으로 한국 교회 생태계 전체가 붕괴하여 있는 안타까운 현실을 우리 앞에 보여 줍니다.

지금과 같은 재난 상황에는 교회들이 연합해서 공동으로 위기에 대처하는 방안을 모색할 법도 한데, 개별 교회마다 각각 다른 상황에서 각각 다른 자원을 갖고 각각 다른 모습으로 고군분투하는 모습을 보여 주고 있습니다. 심지어 같은 교단, 같은 노회, 같은 지역 안에서도 교회마다 처한 상황이 다르고 대처 방법도 다릅니다. 이 점에서 개신교의 대처 방식은 천주교와 불교의 대처 방식과 확연한 차이를 보여 줍니다. 이러한 차이의 근본적인 배경에는 한국 개신교를 특징짓고 있는 개교회주의가 자리하고 있습니다. 감염병 확산이라는 공동의 위기 앞에서 한국 교회가 서로 힘을 모으지 못하고 개별 교회에 위기 극복의 과제를 전적으로 떠맡기고 있다는 사실은 이미 무너진 지 오래인 한국 교회 생태계의 실상을 고스란히 드러내는 동시에, 그리스도의 한 몸으로서 '하나의 보편 교회'에 대한 우리의 고백이 얼마나 위선적인가를 폭로합니다.

　예배당 예배 중단 결정은 개교회주의의 이 같은 문제점을 여실히 보여 줍니다. 감염병 확산 방지를 위해 다중 밀집 모임을 자제해야 할 필요성에 따라 많은 한국 교회가 예배당 예배를 온라인 영상예배로 대체하거나 가정 예배를 권장하기로 한 것은 시의적절하고 바람직한 결정이었습니다. 그런데 문제는 예배 형식의 전환에 대한 모든 책임이 개별 교회에 맡겨져 있다는 사실입니다. 이미 교회 건물 안에서나 가정에서 실시간 영상예배를 드리고 있는 교회들도 있었지만, 대다수 교회는 전혀 준비가 안 된 상태였습니다. 미처 준비가 안 된 교회를 위해 유익한 정보를 제공하거나 온라인예배 도우미를 지원하는 등의 자발적인 운동이 전개된 것은 긍정적으로 볼 수 있습니다. 그렇다 하더라도 결국 개별 교회가 모든 책임을 떠맡아야 한다는 구조적인 문제에는 변함이 없습니다. 소수의 성도만 모이는 작은 교회들까지 포함해서 굳이 모든 교회가 온라인 영상예배 환경 구축을 위한 유형무형의 비용을 지출해야 하는 상황이 과연 바람직할까요? 한두 교회가 아니라 전국의 모든 교회가 같은 어려움에 직면한 상황에서, 온라인영상 연합예배 등 교회들이 연합하여 이 문제를 해결하는 다른 방법은 없을까요? 예배당 예배 중단으로 인해 개별 교회가 겪는 고통은 이것만이 아닙니다. 주일 예배당 예배 헌금으로 근근이 교회를 운영해 온 많은 교회가 예배당 예배 중단으로 재정 위기에 처했기 때문입니다. 물론 주변에 선한 도움의 손길이 없지 않지만, 이 또한 결국에는 개별 교회가 전적으로 모든 책임을 떠맡아야 하는 상황입니다.

어느 시점부터인가 교회들이 연합해서 공동의 문제에 공동으로 대처하는 일들이 한국 교회 안에서 거의 사라져 버렸습니다. 하지만 이번 코로나 사태뿐 아니라 기후위기 등 오늘날의 많은 재난은 특정한 지역에 국한되지 않고 지구촌의 모든 사람과 생명을 동시에 위협하고 있습니다. 이러한 대형 재난의 위협 앞에서 인류 사회는 국가와 인종과 종교와 문화와 전문 영역의 차이를 초월해서 함께 지혜를 모으고 공동의 대처방안을 모색하고 있습니다. 이 점에서 그리스도의 한 몸으로 부름받은 교회들이 오히려 개교회주의의 틀에 갇혀 재난 시대의 요청에 효율적으로 응답하지 못하고 있다는 사실은 부끄러운 일이라고 생각합니다.

당면한 재난을 극복하는 과정에서 이웃 교회들이 서로 돕고 협력하는 관계를 회복할 수 있기를 기대합니다. '내 교회'뿐 아니라 '우리 교회'를, 나아가 '하나님의 교회' 전체를 볼 수 있는 안목이 한국 교회 성도들 안에 다시 생겨나길 소망합니다. 이웃 교회들이 한 마음으로 연합하여 함께 예배할 뿐 아니라 위기에 처한 세상을 사랑으로 섬기는 일에도 함께 협력하며 한국 교회의 무너진 생태계를 복원할 수 있기를 기원합니다.

반지성주의의 극복

마지막으로 코로나19 사태를 통해 드러난 한국 교회의 중요한 문제점 가운데 하나로 현대 과학의 합리적 사고를 배척하는 반지성주의적 태도를 언급하고 싶습니다. 코로나19라는 신종 바이러스가 처음 출현하고 확산하는 과정에 대해 지금 가장 정확하고 실제적으로 유익한 설명을 제시하는 사람들은 자연과학 특히 의학 분야의 전문가들입니다. 전문가들의 설명에 따르면, 변종 코로나바이러스의 출현은 자연 생태계에서 수시로 일어나는 유전자

돌연변이의 지극히 자연스러운 결과이며, 인간을 비롯한 다른 생명체를 숙주로 하는 바이러스의 확산 역시 자연적 인과관계로 충분히 설명됩니다. 감염병의 확산 방지와 치료를 위한 정부와 방역당국과 의료진들의 모든 노력은 이와 같은 의학적, 과학적 지식을 전제하고 그것에 따라 이루어지고 있습니다.

한국 교회의 교회 지도자들 가운데 이와 같은 기본적인 과학적, 의학적 이해 없이 바이러스 발생의 원인을 마귀의 술수나 하나님의 심판으로 돌린다거나 신앙의 열정이나 기도를 통해 바이러스 감염을 예방하거나 치료할 수 있다고 주장하는 분들이 있다는 사실은 참으로 당혹스러운 일이 아닐 수 없습니다. 얼마 전 다수 확진자가 발생한 한 교회에서 감염병을 예방한다면서 성도들의 입에 소금물을 분무하는 장면이 온 국민에게 알려졌는데, 이처럼 어처구니없는 일이 여전히 많은 교회에서 자연스럽게 일어날 수 있다는 사실은 이 시대의 교회 지도자들에게 경종을 울리는 사안이 되어야 할 것입니다. 물론 그리스도인들은 세상에서 일어나는 모든 일이 하나님의 주권적 섭리 아래서 발생한다는 것을 믿음으로 고백합니다. 하지만 이 신앙고백이 우리 시대의 재난의 원인 규명과 해결책 강구를 위한 과학적, 의학적, 도덕적, 정치적 노력을 대체하거나 무력화한다면, 그것은 하나님의 신비를 인간의 편견으로 왜곡하는 불경한 일이 될 것입니다.

이 점에서 한국 교회는 목사나 신학자가 코로나19 감염병의 진단 및 치료의 전문가가 아니라는 사실을 겸허하게 인정하고, 자연과학과 의학 분야 전문가들의 견해를 존중하고 그들의 조언을 경청할 필요가 있습니다. 온세상을 창조하시고 섭리하시는 창조자 하나님께서 교회 안뿐 아니라 교회 밖에서도 일하고 계신다는 사실과 함께, 온 세상의 구원을 위해 하나님께서 (바사의 고레스 왕과 같이) 믿음의 여부와 상관없이 다양한 분야의 전문가들을 불러 사용하신다는 사실을 한국 교회는 다시금 기억할 필요가 있습니다.

한국 교회 내 만연한 미신적이고 비합리적인 관행들은, 이번 사태로 온 국민으로부터 지탄받는 신천지와 같은 사이비 이단들이 교계 안에 득세하는 현상과 무관하지 않습니다. 한국 사회 전체를 큰 혼란으로 몰아넣은 신천지의 반사회적 집단이기주의 행태에 대해서는 여기서 길게 말하지 않겠습니다. 더 큰 문제는 한국 교회가 이 사이비 이단 집단과 얼마나 큰 차별성을 보여 줄 수 있느냐

하는 데 있습니다. 많은 대학생 청년이 신천지로 옮겨간 이유에 관해서 다양한 설명이 가능하겠지만, 개인적으로는 상식과 이성을 신앙과 대립하는 것으로 정죄하는 반지성주의적 편견 때문에 합리적인 사고가 마비되었기 때문이 아닐까 생각합니다.

코로나19 이후의 한국 교회는 재난 상황에 대한 비상식적이고 미신적인 설명뿐 아니라 몰상식적인 사이비 이단들이 아예 자리를 잡지 못하도록 기존의 반지성주의적 태도를 근본적으로 반성할 필요가 있습니다. 이제는 맹목적인 믿음이 아니라 질문하는 믿음을 격려하고, 성경에 대한 성실한 학자들의 연구를 존중하고, 신앙과 교회의 영역 밖에서는 다양한 분야 전문가의 의견을 경청하는 자세를 교회 안에서부터 훈련해야 할 것입니다.

교회는 세상의 구원과 치유를 위해 부름받은 거룩한 공동체입니다. 교회는 구원과 치유의 복음을 세상에 전파하는 빛과 소금의 공동체입니다. 그런데 최근 한국 교회는 오히려 세상에 감염병을 전파하는 감염병의 온상이라는 오명을 뒤집어쓰고 있습니다. 세상 사람들이 교회를 보며 선한 영향을 기대하는 것이 아니라, 오히려 교회의 일탈 행위로 인해 재난 상황이 더 악화할까 노심초사하고 있습니다. 바라기는 한국 교회가 당면한 재난 상황을 극복해 가는 과정에서, 그리고 재난 상황이 종료된 이후에도 계속해서, 근본적인 자기 개혁과 갱신을 통해 고질적인 문제점들을 하나씩 해결해 가고 교회의 본질을 회복으로써 세상의 빛과 소금으로 그 명예를 다시 찾게 되길 간절히 소망합니다.

재난에 대한 기독교윤리적 성찰:
사랑과 정의 실천을 중심으로

이창호

장로회신학대학교 교수 | 기독교와 문화

　　이 글에서 필자는 코로나19와 같은 총체적 재난 앞에서 기독교인들이 가져야 할 윤리적 자세에 대해 함께 생각해 보고자 합니다. 재난에 대해 우리는 어떤 윤리적 관점 혹은 기준을 우선적으로 소중히 여기며 생각하고 또 구체적으로 적용해야 할까요? 여러 가지를 생각할 수 있겠습니다만 근본적인 윤리적 기준을 꼽는다면, 두말할 것이 없이 사랑과 정의를 말할 수 있을 것입니다.

사랑과 정의의 하나님을 믿는 우리도
사랑과 정의를 지향해야 한다

우리가 믿는 하나님은 사랑의 하나님이십니다. 요한 일서의 증언 그대로, 하나님은 사랑, 사랑 자체이십니다. 사랑 자체가 목적이기에, 아무 조건이나 이유 없이 사랑하십니다. 창조하신 모든 존재를 사랑하십니다. 사랑하시되, 모든 것 다 바쳐 사랑하십니다. 그 절정이 바로 예수 그리스도의 십자가입니다.

우리가 믿는 하나님은 사랑의 하나님이시지만, 동시에 정의의 하나님이십니다. 사랑의 대상을 맹목적으로 품어주시는 분은 아니라는 말입니다. 죽기까지 사랑하는 대상이 그렇게 사랑함에도 악으로 경도된 삶을 향해 더 전진해 가고 있거나 자기 자신을 더욱 사랑하기 위해 타자를 수단화하거나 착취하기까지 한다면, 하나님은 사랑하기에, 정말 진심으로 사랑하기에, 그 대상을 바로잡기 위해 하나님의 정의를 행하실 것입니다. 이 정의의 근본 동기는 다름 아닌 사랑입니다. 그 대상을 위해서라면 모든 것을 다 바쳐도 전혀 아까워하지 않으시는 사랑 말입니다.

우리가 믿는 하나님이 사랑의 하나님이요 정의의 하나님이라면, 하나님을 믿는 신자인 우리도 사랑과 정의를 지향하는 것이 마땅합니다. 윤리적으로 말하면, 우리 판단과 선택과 행동을 규율하고 안내하는 가장 중요한 기준은 사랑과 정의이어야 하고, 그 기준을 따라 살고 행동하면서 우리는 사랑과 정의의 사람^{혹은 인격}이 되어야 하는 것입니다. 개인적 삶이든 공동체적 삶이든, 개별적 사안이든 총체적 사안이든, 개인과 개별 공동체에 연관된 문제이든 세계적 맥락에서 다루어야 할 문제이든, 삶의 모든 시간과 영역에서 기독교들은 사랑과 정의를 구현하고 체화하기 위해 힘써야 하는 것입니다.

동등배려의 사랑으로 모두를 품고 사랑하자

코로나19라는 재난 앞에서 또 그 재난 안에 살고 있는 우리 신자들은 이 재난 속에서 사랑과 정의의 기준으로 판단하고 선택하고 행동해야 할 것입니다. 무엇보다도 사랑의 동기로 단단히 무장하고 윤리적 기준으로서의 사랑에 대한 이해를 더욱 뚜렷하게 가져야 할 것입니다.

미국 예일대학교의 명예교수인 진 아웃카는 그의 저서 『아가페』에서 아가페를 동등배려 equal regard 라고 정의합니다. 성경을 경청하고 기독교 역사의 깊고 넓은 사랑의 논의를 종합하여 내린 결론적 정의라고 할 것입니다. '동등'은 사랑의 대상에 대한 평가와 연관된 개념입니다. 기독교 사랑은 모든 사람을 사랑합니다. 사랑하되, 차별 없이 사랑합니다. 아웃카가 '동등'과 종종 바꾸어 쓰는 용어가 이 개념을 이해하는 데 도움이 되는데요, 그 용어는 '자격심사를 하지 않는'unqualified 입니다. 사랑은 자격심사를 하지 않습니다. 자격이 되면 사랑하고 자격이 되지 않으면 사랑하지 않는 것이 아니지요. 자격이 많으면 많이 사랑하고 자격이 덜 되면 덜 사랑하는 것이 아니란 말입니다. 자격의 유무, 자격의 정도 등에 대한 고려를 뛰어넘어, 사랑의 대상을 있는 그대로 품고 사랑하는 것입니다. 모든 인간을 차별 없이 사랑한다고 할 때, 그 '모든' 인간에 대해 자격심사를 하지 않고 사랑하는 것이 기독교인들의 사랑이어야 한다는 말입니다. 자격심사를 하지 말아야 하는 이유는, 그것이 당위가 되어야 하는 이유는, 하나님이 그렇게 우리를 사랑하시기 때문입니다. 모든 인간을 그렇게 사랑하시기 때문입니다.

이창호 _ 재난에 대한 기독교윤리적 성찰: 사랑과 정의 실천을 중심으로   131

그렇다면 아무 가치도 없는데, 모든 인간을 자격심사를 뛰어넘어 사랑해야 하는 것입니까? 모든 인간에 대한 기독교적 가치판단은 어떠해야 하는지를 밝혀주는 아웃카의 개념 하나를 주목할 필요가 있습니다. 영어로 'irreducibly valuable'이라는 개념입니다. 우리말로 옮기는 것이 간단치 않습니다만 우리말로 옮겼을 때의 중의를 충실히 반영하여 번역하면 이렇습니다. '도무지 축소할 수 없을 만큼 꽉 찬 가치의 존재로 가치인식하고 또 그 어떤 다른 누구나 다른 무엇으로 환원하거나 환치할 수 없는 독보적 가치의 존재로 가치인식하고' 사랑한다는 것입니다. 특정한 개인이나 그룹에 속한 이들만 이러한 가치인식을 가지고 사랑하는 것이 아니고요, 모든 인간을 이러한 가치인식을 가지고 사랑해야 한다는 것이지요. 이러한 가치인식의 근거는 무엇입니까? 아웃카는 그 근거는 신학적인 것이라고 강조합니다. 모든 인간을 그렇게 가치인식하고 사랑해야 하는 근거는 바로 하나님의 사랑입니다. 모든 인간을 창조하시고 또 구원하시기 위해 모든 것을 바치신 하나님의 사랑을 받고 있기에, 모든 인간은 그러한 가치를 가진 존재일 수밖에 없다는 것입니다. '동등'에 담긴 핵심적인 규범적 의미는 보편성입니다.

인간의 얼굴을 하고 있는 존재라면 누구든지 차별 없이, 자격심사 하지 않고, 도무지 축소할 수 없는 꽉 찬 가치의 존재로 또 다른 어떤 존재에도 환원할 수 없는 독보적 가치의 존재로 가치인식하고 '모두'를 사랑해야 한다는 의미에서 보편성입니다.

다음으로 '배려'입니다. 이 개념은 사랑의 주체의 헌신과 연관된 것입니다. 사랑의 대상을 '동등'하게 사랑하되, 대가와 반응에 상관없이 사랑합니다. 사랑의 주체인 '나'는 모든 것을 다 바쳐 지고지순하게 사랑했는데, 돌아오는 것이 오직 적대적 반응뿐이라 하더라도 끝까지 지속적으로 동일한 사랑으로 사랑합니다. 대가나 반응 때문에 사랑한다면, 그것은 사랑이라고 할 수 없을 것입니다. 이만큼 받았으니 이만큼 돌려주는 이해타산적 행위라면 그것을 사랑이 아니라 거래라고 해야 할 것입니다. 아울러 '배려'는 심리적 상태만을 뜻하는 것이 아닙니다. 오히려 이 개념은 구체적인 행동을 수반합니다. 대상의 필요, 소원, 행복복지, 최선 등을 면밀히 살피고 파악했으면 실현해 주기 위해 할 수 있는 대로 최선을 다하는 행동을 내포한 개념이라는 것이지요. '배려'에 담긴 핵심적인 규범적 의미를 아웃카는 일방향성 unilateral feature 이라고 했습니다. 대가와 반응을 목적으로 사랑하는 것이 아니라는 의미에서 그렇습니다. 물론 사랑의 궁극적 결실은 친밀한 사귐 혹은 공동체형성이라는 점을 아웃카는 강조하고 또 강조합니다.

모두를 품되 우선적으로 사랑해야 할 대상이 있다

재난 속에 있는 우리는 이 사랑을 실천해야 합니다. 이 사랑의 사람으로 살아야 합니다. 재난 속에 있는 '모든' 이웃을 사랑해야 합니다. 자격을 따지지 말고 조건을 따지지 말고, 그가 동료 인간이기에 사랑해야 합니다. 특별히 여기서 놓치지 말아야 할 기독교 사랑의 중요한 원리가 하나 있습니다. 기독교 사랑은 모든 인간을 차별 없이 사랑해야 하지만 '우선적으로' 사랑해야 할 대상이 있다는 것입니다. 이 우선성은 차별이나 특별한 대우로 보아서는 안 됩니다. 대상이 처한 상황이 절박하기에 우선적 고려와 행위가 요구된다면 그러한 우선적 사랑 실천은 정당하고 필요한 것입니다.

우선적으로 사랑해야 할 대상은 누구입니까? 성경

에서 그 답을 찾는다면, 구약의 '고아와 과부와 나그네'와 신약의 '지극히 작은 한 사람'을 들 수 있겠습니다. 구약에서 고아와 과부와 나그네는 당시 사회에서 가장 약한 이들을 통칭합니다. 특별히 힘이 없기에 부당한 일을 당해도 스스로는 물론이고 대신 변호해 줄 수 있는 도움의 손길을 갖지 못한 이들이지요. 하나님은 이들을 우선적으로 사랑하신다고 선언하십니다. '고아의 아버지'가 되시고 '과부의 재판장'이 되셔서, 이들을 돌보시고 변호하시고 사랑하신다고 말씀하시는 것입니다. 우선적으로 사랑하신다는 뜻을 분명히 밝히신 것입니다. 이들만 사랑하신다는 것도 아니고, 이들을 특별히 더 강한 정도로 사랑하시겠다는 의도도 아닙니다. 창조하신 모든 인간을 차별 없이 사랑하시지만, 우선적으로 사랑할 대상이 있다고 말씀하시는 것입니다. 그렇게 말씀하시는 이유는, 하나님이 그런 사랑으로 사랑하는 분이라는 점을 밝히시기 위한 것도 있겠지만 그와 더불어 하나님을 믿는 신자들을 그러한 사랑으로 초대하기 위하심임을 기억해야 할 것입니다.

신약으로 가볼까요? 언급한 대로, 우선적으로 사랑해야 할 대상을 성경적으로 찾는다면 '지극히 작은 한 사람'을 먼저 생각해야 할 것입니다. 예수님께서 친히 헐벗고 주린 배로 큰 고통을 겪고 있으며 또는 부당하고 억울하게 옥에 갇혀 신음하고 있는 이웃들을 사랑하는 것이 곧 예수님을 사랑하는 것과 동일하다고 하실 만큼, 그들을 사랑하는 삶의 중요성을 역설하고 계신 것입니다. 이들에 대한 사랑의 절박성을 우리도 공감할 것을 명령하시는 것이며, 공감할 뿐 아니라 구체적인 실천으로 이러한 절박한 삶의 상황에 처해 있는 이들을 섬기라는 강력한 부르심인 것입니다. 주님이 부르셨다면, 믿는 우리는 따르는 것이 마땅합니다. 이들을 우선적으로 사랑하는 것이 마땅하다는 말입니다.

코로나19의 재난 상황 속에서 우선적으로 사랑할 대상은 누구이겠습니까? 이 물음에 대한 답을 찾는 것은 그리 어렵지 않을 것입니다. 더 절박한 상황에 있기에, 먼저 그리고 급하게 도움의 손길을 공급해 주어야 할 대상이 누구인지는 어찌 보면 자명하다고 하겠습니다. 이미 감염된 분들, 감염된 분들 중 기저질환이나 연령 등의 이유로 상대적으로 악화될 가능성이 높은 분들, 감염의 가능성이 높이 예상되는 분들, 감염의 위험에 폭넓게 노출된 환경에서 살아가는 분들, 감염을 방지하기 위한 여러 선제적 조치들을 받는 데 있어 어려움을 겪고 있는 분들, 이런 분들은 자명하게 우선적으로 사랑해야 할 대상이 아닐까 하는 것입니다. 이들을 먼저 찾아가고 배려하고 사랑하여, 감염으로부터 치유·회복될 수 있도록 돕고, 감염의 가능성이 높은 분들이 감염되지 않도록 적극적으로 예방 조치들에 참여하고, 스스로를 보호하기 위한 여건이나 역량이 부족한 이들을 도와 최대한 감염 위험을 낮추는 활동에 힘써야 할 것입니다. 다만 재난은 그야말로 전면적이고 총체적이기에, 재난 안에 살아가는 모든 이들에 대한 보편적 배려와 구체적 실천은 동시에 추구되어야 할 것입니다. 이 '보편적 배려와 구체적 실천'에서 그 어느 누구도 소외되거나 배제되어서는 안 된다는 점을 분명하게 견지해야 할 것입니다.

정의의 실천, 잘못을 바로잡으면서 공공선을 지향하자

보편적 사랑을 추구하되 우선적 사랑의 대상에 대한 특수한 고려를 중요하게 여겨야 한다는 생각은 기독교 사랑은 정의를 중요하게 내포하고 있다는 점과 연결됩니다. 정의, 특히 분배 정의를 소중히 여기기에 사랑의 실천에 있어 우선성을 중시하게 되는 것이라고 말할 수도 있을 것입니다. 기독교 사랑은 정의로운 사랑입니다. 정의로운 사랑을 생각할 때, 우리는 책임과 공공선의 문제를 진지하게 숙고해야 합니다.

아우구스티누스에 따르면, 참된 악은 이성적 존재 곧 인간에게서만 찾을 수 있다고 했습니다. 그러므로 지진, 홍수, 태풍, 산사태 등과 같은 자연재해를 악이라고 볼 수는 없다는 것입니다. 중요한 주장이 이어집니다. 참된 악을 찾고 또 그 악에 대한 책임을 물을 수 있는 존재로서 인간은 이성적 존재이며, 이성적 존재인 인간은 자발적 존재라는 것입니다. 자발적 존재는 자유의지를 보유하고 의지를 자유롭게 행사할 수 있는 능력을 보유하고 있는 존재입니다. 도덕적으로 혹은 신학적으로 인간이 선택하고 행한 악에 대해 책임을 물을 수 있는 이유는 그 인간이 자발적 존재이기 때문입니다. 만일 자유의지가 아니라, 다시 말해 자신의 자유로운 의지적 결정이 아닌 외부의 강제나 억압에 의해서 그러한 악을 선택하고 결정하고 행동할 수밖에 없었다면, 그러한 비자발적 행동에 대해 책임을 물을 수 없다는 점을 우리는 아우구스티누스의 생각에서 유추할 수 있는 것입니다.

재난은 자연으로부터 자연스럽게 발생할 수도 있지만 인간으로부터, 특히 인간의 자발적 행동을 통해서 발생할 수도 있습니다. 후자의 경우, 재난을 촉발한 것에 대한 책임을 물을 수 있다고 아우구스티누스는 주장할 것입니다. 왜 여기서 책임을 논하고 있습니까? 아리스토텔레스에 뿌리를 둔 정의의 기본 이해 곧 마땅한 몫^{보상과 책임}을 주고받는 것으로서 정의 이해에 따라, 마땅히 받아야 할 책임을 지게 하기 위한 것입니까? 물론 그것이 필요하다면 그렇게 해야 할 것이며, 또 그렇게 하는 것이 정의의 기본적 실현이라는 점을 밝혀 두어야 할 것입니다.

그러나 이것만은 아닙니다. 정의의 기본적 관점뿐 아니라 사랑으로 승화된 확장된 의미에서의 정의의 관점도 주목해야 합니다. 아퀴나스는 마땅한 몫을 주고받는 것으로서의 정의를 특수 정의^{particular justice}로 규정하면서, 이 정의와는 다른 혹은 이 정의를 넘어서는 정의로서 일반 정의^{general justice}를 제시합니다. 일반 정의의 중요한 다른 이름은 사회 정의입니다. 기독교윤리학자인 데이비드 홀렌바흐는 아퀴나스의 이 일반 정의의 핵심적 의미를 포착하여 공헌적 정의 contributive justice 라고 하였습니다. 아퀴나스가 말하는 사회 정의는 그야말로 사회에 공헌하는 정의로운 삶과 실천을 규범적으로 지시합니다.

왜 사회에 공헌하는 정의를 실천해야 하는 것일까요? '나'만 인간답게 사는 것이 아니라 사회를 구성하는 모든 구성원이 인간답게 살기 위해서는, 그렇게 살기 위한 생존의 요건들을 갖추기 위해서는 개별 시민이나 소수 누군가의 노력만이 아니라 '우리' 모두의 노력 곧 공헌이 요청된다는 것입니다. 인간답게 살기 위해 필요한 기본적 요소들 곧 양식, 주거, 의료, 교육 등의 요소들을 마련하기 위해서는 나만 생각해서는 안 되고 공동체 전체 혹은 공동체에 속한 동료 구성원 모두를 생각하는 사랑의 동기를 품고 타자를 위해 그리고 공동체를 위해 이타적으로 공헌해야 한다는 것이지요. 줄여 말하면 공공선을 위한 이타적 헌신입니다. 여기서 아우구스티누스의 사회윤리적 조언을 경청할 필요가 있겠습니다. 타자를 위해, 공동체의 유익을 위해 자기 자신의 유익을 기꺼이 포기하고 자신의 것을 얼마든지 쏟아부을 수 있는 참된 신자들처럼 공공선 증진에 유익한 사회구성원들도 없기에, 공적 정치사회적 영역에서 그렇게 살 것을 아우구스티누스는 강력하게 권고합니다.

　기본적 정의의 실현도 중요하고 필요하지만 한 걸음 더 나아가 공동체, 공동체의 동료 구성원들, 공공선을 위한 헌신으로서의 사회 정의 혹은 공헌적 정의 실현을 위한 헌신이 재난을 직면하고 있는 모든 시민에게, 특히 기독교인들에게 절실히 요구된다고 할 것입니다. 코로나19와 같은 재난은 전면적이고 총체적입니다. 재난은 재난을 겪고 있는 공동체 구성원 모두에게 영향을 미칩니다. 재난으로부터 구성원들을 보호하고 또 재난을 극복하기 위한 노력도 전면적이고 총체적이어야 함은 당연한 결론입니다. 특별히 재난을 극복하기 위해 우선적으로 해야 할 중요한 작업은 재난의 원인을 찾고 교정하는 것입니다. 할 일이 여러 가지이겠지만 이 일처럼 중요한 일은 더 없다고 해도 과장이 아닐 것입니다. 원인을 찾고 교정하고 재난을 극복하는 것은 모두를 위한 것입니다. 재난으로 고통 하는 공동체 전체의 선善 혹은 공동체에 속한 모든 구성원의 선을 위한 것입니다. 다시 말해, 공공선을 위한 것입니다. 공공선을 위해 책임 소재를 찾고 밝히고 교정하는 일은 쉽지 않은 과제이지만 필연적으로 해야 하는 과제가 되는 것입니다. 코로나19의 원인에 대해서 다각적으로 접근하여 답을 찾아야 할 것입니다. 바이러스 생성의 근원적 원인이 무엇인지에 대한 과학적 접근은 말할 것도 없고, 바이러스가 인간과 인간이 아닌 여러 생명체에 감염되게 된 원인에 대한 과학적 접근을 포함한 다원적 접근이 필요할 것입니다. 다시 말하지만, 이렇듯 재난의 원인에 대해 관심을 두고 그 실체를 밝히고자 하는 주된 이유는 재난으로 인해 피해를 보고 있고 또 볼 수 있는 공동체 구성원들의 유익과 선을 위한 것입니다. 현재적 고통과 위기를 극복하고 개선의 방향을 모색할 뿐 아니라 앞으로 닥칠 수도 있는 다른 형태의 재난을 선제적으로 막아 거시적 장기적 차원에서의 공공선을 증진하고자 하는 목적의식을 뚜렷하게 가질 필요가 있다는 점 또한 덧붙이고 싶습니다.

아가페의 끌어올림을 사모하며

라인홀드 니버는 사랑과 정의의 관계를 논하면서 정의를 위해서 아가페의 '끌어올림'이 절실함을 역설합니다. 사회 구성원들에게 일반적으로 전하는 사회윤리적 조언으로 볼 수도 있겠으나 그보다는 기독교인들을 향한 간절한 호소로 들립니다. 신자들이 사회 속에서 아가페로 살면, 타자와 공동체와 공공선을 위해 자기 자신을 기꺼이 내어 줄 줄 아는 신자들이 그 사랑으로 살면, 그 사회의 정의의 수준이 한껏 고양될 것이라는 기대와 확신이 담겨 있는 권면이기도 하지요. 보상적 정의에서 공헌적 정의로 향해 큰 발걸음을 내딛자는 것입니다. 오늘 우리 한국교회가 경청해야 할 바라고 생각합니다. '나'만 재난의 위기를 벗어나 잘 사는 것이 아니라 '우리' 모두가 그렇게 살 수 있게 되기를 소망하며 공적으로 참여·협력하고 봉사함으로써 실제적으로 그 소망을 현실화하는 복된 세상을 이루는 데 오늘 우리 기독교인들이 힘쓸 수 있기를 바랍니다.

다음 문헌을 참고했습니다.

Aquinas. Summa Theologiae. http://www.newadvent.org/summa/

Augustine. *The City of God*. Translated by Marcus Dods. New York: Random House, 2000.

Hollenbach, David. *The Common Good and Christian Ethics*. Cambridge: Cambridge University Press, 2002.

Outka, Gene. *Agape: an Ethical Analysis*. New Haven: Yale University Press, 1972.

코로나19가
우리 곁에 바짝 다가왔을 때:
선교학적 단상

박보경

장로회신학대학교 교수 | 선교

필자는 코로나19가 대구를 강타할 때 우연히 대구에 있었습니다. 3주간의 대구에서의 생활과 코로나19로 희생된 가족의 슬픈 경험들을 통하여 고난의 시간에 그리스도인들은 어떻게 주님의 증인이 되어야 하는지를 깊이 묵상하게 되었습니다. 이 작은 글을 통해서 어떻게 하면 그리스도인이 고통의 시간에 복음의 증인이 될 수 있을지 생각해보고자 합니다.

대구에서의 경험 이야기

코로나19가 대구를 강타하여 전국 매스컴이 온 한국을 시끄럽게 할 때 나는 우연히 대구에 있었습니다. 대구에 사시는 92세의 어머니의 상태가 걱정되어 가족회의를 해야겠다는 연락을 받고 대구를 내려간 상태였습니다. 그런데 대구에 도착해서 하루만에 코로나19 집단 발병이 발발했습니다. 저의 가족은 매일 텔레비전을 보면서 도대체 믿어지지 않았습니다. 그리고 매일 매일 여기저기 매일같이 건물폐쇄와 새로운 확진자들의 이야기들이 들려오면서 도시는 스산하게 변해가는 모습을 지켜볼 수 있었습니다. 혹시라도 어머니에게 이 몹쓸 전염병이 옮기게 되면 그 결과는 너무 자명한 것이기에 매일 노심초사했습니다. 집을 드나들던 이웃 할머니들도 완전히 사라져 버렸고, 가족들도 전화만 할 뿐이었습니다. 자가용 운전이 용이하지 않은 언니들은 택시 타기도 두려워 집 밖을 나가지도 못하고 있었습니다. 가까운 작은 마트조차도 마스크 없이는 출입이 불가능했습니다. 확진자가 한 번 지나가기라도 하면 무조건 폐쇄하는 상황이었기에, 경제적 손실은 결코 작은 문제가 아닙니다. 교회의 모든 예배는 취소되었습니다. 도시 전체가 완전히 멈추어 선 것 같았습니다.

　설상가상으로 어느 날 내가 감기 증상으로 아프기 시작했습니다. 나에게도 감기 증상이 시작되자 코로나19의 감염을 의심하지 않을 수 없었습니다. 나의 대구행이 어머니를 죽음으로 몰아가는 결과를 가져올 수도 있다고 생각하니 괴로움과 당황스러움이 엄습해왔습니다. 제가 할 수 있는 것은 자가격리뿐이었습니다. 아무리 소독제를 여기저기 뿌리고 마스크를 끼고 식사를 따로 한다고 해도, 같은 집에 함께 지내면서 어떻게 완벽한 격리를 할 수 있겠는가 생각하니 참으로 막막했습니다. 서울 집으로 돌아갈 수도 없었는데, 매일 오시는 요양사 선생님도 제가 감기 증상을 보이자 발길을 끊었기 때문입니다. 바로 보건소에 연락하였으나, 대구에서는 이런 증상환자들이 너무 많아 검사대상자의 우선권에서 밀리니 그냥 상태를 지켜보면서 며칠을 기다리라는 통보였습니다. 그러다가 증상이 더 심해지면 그때 바로 선별진료소로 가서 입원을 요청하라는 것입니다. 폐렴으로 진행되어야 병원으로 갈 수 있다는 것입니다. 대구는 확진자가 많아 자택에서 기다리며, 스스로 나으면 다행이고, 혹시 병세가 악화하면 그제야 병원에 갈 수 있다니 정말 기가 막힌 지시였습니다. 결국 저는 검사도 받지 못하고 불안에 떨어야했습니다. 내가 할 수 있는 것은 아무것도 없었습니다. 오직 스스로 이겨낼 수 있도록 잘 먹고 잘 쉬고 나의 면역력이 스스로를 치료하도록 기다리는 수밖에 없었고, 그 사이 다른 이에게 전달되지 않도록 최선을 다해 자가 격리를 하는 수밖에 없었습니다. 코로나19로 인한 극도의 스트레스가 우리 가정을 이렇게 엄습했습니다.

그러던 중, 며칠 전부터 계속 감기몸살을 앓던 언니가 점점 더 심해진다는 소식을 듣게 되었습니다. 언니의 상태는 걷잡을 수 없이 되었고, 결국 일어나지를 못하는 상황이 되었습니다. 결국 바이러스 검사를 받게 되었고, 설마 했던 코로나19 확진자가 되고야 말았습니다. 뉴스로만 듣던 코로나19가 저의 가정에도 결국 이렇게 갑자기 침입한 것입니다. 그런데 언니는 확진을 받았으면서도 워낙 많은 환자가 자택에서 입원을 기다리고 있던 터라, 자택에서 자가 격리하면서 대기하는 날들이 계속되었습니다. 하루에도 몇 번씩 병상이 마련된 병원이 없는지를 구청에 연락했으나, 계속 기다려 달라는 응답뿐이었습니다. 환자의 호흡은 점점 더 가빠지고, 의식도 조금씩 약해졌습니다. 더군다나 일주일 이상 아무것도 먹지 못한 채 방안에 계속 누워만 있는 언니를 지켜보던 형부는 눈물로 관계자들에게 호소했습니다. "선생님 죽더라도 닝거 한번 맞고 죽게 해주셔야지요. 치료 한번 못 받고 죽게 할 수는 없지 않습니까?", "구급차에는 산소호흡기가 있지 않습니까? 그거라도 받게 해주세요." 119로 구급차를 불렀으나 이송할 병원을 찾지 못해 결국 구급대원은 눈물을 머금고 아픈 환자를 다시 내려놓고 돌아가야만 하는 상황도 벌어졌습니다. 그날 저녁 상태가 위급하여 다시 119 구급차를 불렀습니다. 일단 환자를 실고 가능한 병원을 찾아다녀야 했습니다. 구급차 안의 산소호흡기에 의지한 채 병상이 마련되기를 바라면서 병원 앞에서 마냥 기다리던 몇 시간을 보내면서 환자의 보호자는 제게 전화해서 이렇게 말했습니다. "처제! 구급차 안에서 산소호흡기를 대고 있으니 안심이 된다. 언니도 이제 좀 마음이 놓이나 봐. 이렇게 산소호흡기만 있으면 5일이라도 대기할 수 있을 것 같아." 우리는 병상이 마련될 때까지 차에서 내리지 않도록 해달라고 애걸했고, 구급대원은 "걱정마세요 밤새 계속 계셔도 됩니다."라고 안심시켰습니다. 한 번도 본 적 없는 구급대원은 이 기가 막힌 상황을 보면서 함께 자리를 지켜주었습니다. 그는 자신이 할 수 있는 작은 선행으로 강도 만난 자 같은 언니의 이웃이 되어 주었습니다.

무작정 대기하고 있던 중 기적같이 병상이 마련됐습니다. 병원에 입원한 후 겨우 안심을 한 것도 잠시, 입원한 시간 후 병원으로부터 연락이 왔습니다. 이미 상태가 심각해져 희망이 없어 보이니 연명치료 여부를 결정하라는 의사 선생님의 통보를 듣고 우리 가족은 다시 하늘이 무너졌습니다. 가벼운 감기 증상으로 아프다는 말을 들은 지 불과 며칠이 되지 않았는데... 믿을 수 없는 이 상황은 불과 일주일 만에 일어난 것입니다.

큰언니는 입원한 지 일주일을 채우지 못하고 주님의 부르심을 받았습니다. 임종의 시기가 다가오자 가족과 격리되어 있었기에, 급하게 구한 전화기를 병실 안으로 보내서 마지막 인사를 전할 수 있었습니다. 격리병동 안에서 간호사는 의식이 이미 없어진 언니의 귀에 가족들의 전화를 받게 도와주었습니다. 전화기 너머 들려오는 가족들의 작별인사를 들으면서 언니는 고요히 주님의 품으로 떠났습니다. 바로 여기 그리스도인들의 차이점이 있었습니다. 부활의 날 다시 만날 것을 기대하면서 눈물로 작별인사를 했습니다.

지금 전국의 많은 가정에서는 이렇게 기막힌 상황이
일어나고 있습니다. 그리고 지금도 코로나19로 인해 갑
작스럽게 강도 만난 자 같은 사람들이 되어버린 수많은
우리의 이웃들이 어찌할 바를 몰라 여전히 비통해하고 있
는 것입니다.

삶과 죽음의 위기가 우리를 덮을 때:
선교적 단상

지난 몇 주간의 경험은 나에게 삶과 죽음의 위기의
상황에 직면했을 때, 그리스도인으로 나는 어떻게 대응
해야 할지 많은 생각을 하게 했습니다. 특히 3주간 대구
에서 갇혀 있다시피 한 경험 속에서 나 자신이 코로나의
피해자가 되기도 하고, 타인에게 코로나19의 가해자가
될 수도 있다는 생각도 해봤습니다. 그리스도인은 과연
이러한 상황에 어떻게 선교적 존재로서 그리스도의 향기
를 발할 수 있겠습니까? 갑자기 삶과 죽음의 위기가 우리
를 덮을 때, 우리는 과연 어떻게 복음증거의 사명을 어떻

게 감당해야 할까요?

첫째로, 고난의 시간에는 삶으로 전도할 때입니다. 유명한 수도사 아씨시의 프란시스코는 복음증거에 대하여 이렇게 말한 바 있습니다. "언제나 복음을 전파하십시오. 그리고 혹시 필요하면 말을 사용하십시오." 복음전도에 있어서 전도자의 삶이 얼마나 중요한지를 잘 보여주는 금언입니다. 프란시스코의 말처럼, 복음전도는 말로 표현하기 전에 먼저 삶으로 보여주는 것입니다. 그런데 이러한 삶으로서의 전도는 고난의 시기에 더욱 빛을 발합니다. 개인적 고난이든, 지금과 같은 집단적 고난이든 간에, 복음은 고난이라는 옷을 입고 나타납니다. 그러므로 우리 그리스도인들은 이러한 고난의 시기야말로 삶과 행동으로 그리스도를 드러내야 할 순간임을 기억해야 합니다. 그리스도인들이 고난을 어떻게 받아들이지, 심지어는 죽음조차도 어떻게 초연하게 받아들이지 보게 되면, 사람들은 "왜?"라는 질문을 합니다. 바로 이러한 그리스도인들의 "질문을 일으키는 삶"이 복음증거의 전제 조건이 됩니다. 그리고 바로 그때, 우리는 "온유와 겸손"으로 준비한 대답을 하게 됩니다. 이때 언어로 전하는 우리들의 "질문에 대한 설명"은 상대방의 마음에서 환영받게 됩니다. 그리고 전도의 결실이 그 때에 비로소 맺어지는 것입니다. 그러므로 이 고난의 시기는 복음이 삶으로 전해지는 시기이며, 그리스도인들은 자신이 모든 사람 앞에서 그리스도를 대신하여 세상을 향하여 복음의 메시지를 전달하는 존재라는 사실을 명심해야 합니다. 돌아보면 갑자기 찾아온 고난의 순간이지만, 이 고난의 순간은 신앙인의 모습이 그대로 드러나는 순간이기도 했습니다. 죽음의 공포가 엄습해올 때, 분노와 두려움 보다는 육체적 죽음의 건너편에 새로운 삶이 시작된다는 믿음으로 서로를 위로할 수 있었습니다.

둘째로, 고난의 시기는 주님이 보여주신 선교적 삶에 동참하는 시기입니다. 주님은 이 땅에 오셔서 곤경에 처한 자들을 보듬어 주셨습니다. 주님의 선교는 철저하게 행동과 언어가 분리되지 않았습니다. 예수님은 하나님의 나라를 언어로 선포하시고, 하나님 나라를 경험하게 하시려고 병자를 치유하시고 고통받는 자를 돌보셨습니다. 결국 예수님의 선교는 자신을 희생하시는 십자가의 죽으심으로, 고난을 통해서 자신의 선교적 사명을 완수하셨습니다. 그러므로 우리도 그리스도의 제자로서 곤경에 처한 이웃을 보듬고 말과 행동으로 주님의 사랑을 증거해야 합니다. 우리의 선교는 예수님의 선교처럼, 언어와 행동과 삶이 함께 통합되어야 합니다. 또한 우리는 고난을 통해 예수 그리스도의 선교를 이어가는 존재입니다. 특히 재난의 시기에 우리의 선교는 더욱 주님의 선교를 보여주어야 합니다. 왜냐하면 평소에는 우리의 믿음의 내용이 잘 안 보이지만, 위기의 순간에는 잘 보이게 되기 때문입니다. 로잔운동에서 발표한 케이프타운 서약에는 이런 문구가 있습니다. "사랑은 연대를 요청합니다. 몸의 한 지체가 고통당하면 모든 지체가 함께 고통을 느낍니다." 지금 고통받는 자들과 함께 고통에 동참하고 연대하는 것은 예수그리스도의 선교에 동참하는 것입니다. 그러므로 우리가 감당할 수 없는 시험과 고통을 경험할 때, 그리스도인들은 자신의 아픔만 생각하지 않고 타인의 아픔을 함께 보듬고, 자신을 보호해야 할 당연한 권리를 양보하고 손을 내밀어 고난당하는 자를 위로함으로, 그리스도의 사랑을 드러내야 합니다. 또한 도대체 감사할 일이 없을 것 같은 상황에서도 감사할 제목을 찾아서 감사하려는 모습을 통해서 우리는 그리스도의 사랑을 세상에 보여줄 수 있습니다. 오히려 그리스도인들이 더 바르게 행동하고, 더 많이 희생하고, 더 많이 고통받는 자들을 감싸 안을 때, 그때가 바로 주님의 복음이 우리들의 삶으로 전달되는 순간입니다.

셋째로 고난의 시기에는 우리의 선교가 철저하게 통전적/총체적이라는 사실을 기억해야 합니다. 사람들은 복음전도와 사회봉사를 구별하려고 합니다. 전도는 말로 하는 것이며, 치유사역은 사회봉사사역으로 이해합니다. 그러나 엄밀히 살펴보면, 치유사역과 복음전도는 동시에 이루어집니다. 복음은 말로도 선포되지만 행동으로도 선포되기 때문입니다. 그러므로 회복을 위한 치유와 복음선포는 나누어질 수 없습니다. 인간은 영적인 존재일 뿐 아니라, 육체를 지니고, 사회적 관계를 형성하며, 정신활동을 통하여 자아실현을 하는 존재입니다. 즉, 인간이 이렇게 다차원적 존재라면 우리의 선교 또한 다차원적이어야 합니다. 바로 이러한 이유 때문에 고난 중에 있는 자들에게 다가가서 그들의 상처받은 영혼을 보듬고 위로하고, 회복을 위한 치유의 손길을 내미는 것이 그리스도인들이 마땅히 해야 할 선교인 것입니다.

고난의 순간에 이웃을 향하는 그리스도인들의 사랑

의 실천은 실제 가장 강력한 복음증거의 원동력이 됩니다. 그리스도인들의 복음증거는 자신을 둘러싼 가족에게 그리고 친구에게 그리고 이웃에게 베푸는 따뜻한 선행으로 완성됩니다. 그리고 오늘도 선행으로 새롭게 복음증거의 기회를 주신 주님께 감사의 마음으로 나아갑니다.

다음 문헌을 참고했습니다.

레슬리 뉴비긴. 『다원주의 사회에서의 복음』. 홍병룡 옮김. 서울: IVP, 2007.
로잔운동. 『케이프타운 서약』. 최형근 옮김. 서울: IVP, 2012.
수전 호프 저. 『선교를 이루는 영성』. 이민희 옮김. 서울: 성공회 브랜든 선교연구소, 2019.
크리스토퍼 라이트. 『하나님의 선교』. 정옥배 옮김. 서울: IVP, 2010.

교회됨의 비일상성에 관하여 : 사회적 거리두기 상황에서의 예배와 설교 사역

최진봉

장로회신학대학교 교수 | 예배설교

　　코로나19의 감염병 확산에 따른 사회적 거리두기로 인해 교회들의 예배 중지 사태가 지속되고 있습니다. 이로 인해 미디어를 통한 온라인 예배나 가정예배, 혹은 다른 임시적 방식으로 주일예배가 대체되고 있습니다. 성도들은 당혹감을 느끼면서도 이례적인 예배방식이 주는 가정 내 순기능을 발견하고 적응하기도 합니다. 그럼에도 언제까지 그래야 하는 건지, 마냥 그래도 되는 건지

목회자들과 성도들은 불안하고 혼란스럽습니다. 교회와 성도들이 갖는 혼란의 근본에는 교회가 발생하는 자리 자체가 사라졌다는 것입니다. 이는 교회에 대한 원색적 도전으로, 현 상황은 전통적인 주일성수 신앙과 성도들의 회합을 전제하는 교회의 중심 실천들에 대하여 종잡을 수 없는 물음들을 불러들입니다. 게다가 교회마다 처한 고민과 문제들은 천양지차로 다릅니다. 이 같은 상황 속에서 신학의 응답이라는 게 때로는 섣부르거나 역부족일 수 있다는 생각마저 듭니다. 따라서 본 글은 현 상황에서 예배와 설교사역이 감당해야 하는 과제들을 모두 다루지 못하며, 그 내용 또한 명확한 응답이 되지 못함을 밝힙니다. 단지, 감염병의 세계적 대유행의 상황 속에서, 예배와 설교사역과 관련하여 고민되는 부분들을 함께 생각할 수 있기 바라고, 이어서 필자의 짧은 경험에 기초해 예배와 설교사역을 위한 고려 가능한 지침들을 제한적으로 나누고자 합니다.

교회됨의 일상성과 비일상성 사이에서

먼저, 사회적 거리두기 상황에서 교회의 당면 과제들 가운데 하나는 성찰의 과제일 것입니다. 즉, 이번 사태를 통해 그간 익숙함에 잊고 있던 교회됨의 일상성에 대해 이해를 새롭게 다지고 바르게 되새기는 일입니다. 필자는 지난 2월 23일 인도하던 주일 저녁 예배모임을 중단하고 가족과 함께 재택예배를 드리고 있습니다. 방식은 가정예배이고, 현재까지 4회의 주일예배를 드리고 있습니다. 한 달 동안 이례적인 방식으로 주일예배를 드리면서 필자가 갖는 한 가지 소감은 무엇인가 채워지지 않음이 있다는 것입니다. 사실 가정예배는 필자의 가족들에게 빈번하고 익숙함에도, 지난 4주간 주일예배를 대체한 가정예배에서는 다른 가정예배들에서 느끼지 못한 '드린 듯, 만 듯함'이 남았습니다. 그 '채워지지 않음'과 '드린 듯, 만 듯함'의 원인이 무엇인지 명확하지는 않지만, 한 달 동안 대체예배를 드리면서 분명해지는 것은 교우들 가운데 함께 속하여 드리던 주일의 일상적인 예배가 소중하게 다가온다는 것입니다. 함께 어울려 찬양하고, 기도하면서 같아짐의 감정을 느끼고, 설교의 말씀과 성찬의 나눔을 통해 하나님과의 내밀한 교감을 갖고, 파송의 찬양 속에서 잔잔한 가슴의 울림 등, 예배현장에 대한 향수가 짙어집니다. 그러면서 교회가 나에게 주는 의미가 무엇인지를 다시금 생각하게 되었습니다. 그리고 그 의미가 필자가 느낀 그 허전함이 무엇인지를 알려주리라 생각합니다.   교회 내의 주일예배의 중지 상황이 지속되면서 목회자와 성도들이 생각할 일차적 과제는 교회의 진정성이 어디에 있는지를 재확인하는 일일 것입니다. 하나님은 예배를 통해 흩어져 있는 성도들을 하나의 몸으로 모으시고, 그 모임 가운데서 말씀하시고, 말씀 안에서 그들로 사랑 안에서 교제하고 연합을 이루게 하십니다. 이것이 성서의 공동체들이 증언하고, 역사적 교회들이 경험을 통해 면면이 고백하고 있는 교회의 진실이며, 예배의 현장입니다. 현대신학의 교부이며, 교회의 신학자라 불리는 칼 바르트는 그의 『교회교의학』에서 사람들이 몸으로 함께 모여 있는 '보이는 교회'가 '보이지 않는 교회'와 더불어 교회의 본질임을 강조했습니다. 성도들이 회집하는 행위가 아니고서는 세상 가운데 그리스도의 몸으로 존재하는 교회의 진면목과 실체를 알 수 없다는 말입니다. 이는 또한 '보이지 않는 교회'의 강조가 자칫 교회의 가시적 역사성을 간과하거나 약화시키는 '교회론적 가현설'로 발전되지 않도록 하는 교회론의 견제이기도 합니다. '보이는 교회'란 건물과 제도, 조직 등과 같은 실체들도 포함하나, 보다 정확하게 그것은 신자들의 사회적 행위, 곧 '모이고 헤어지는' 구체적인 회집의 행위를 뜻합니다. 그리고 성도의 모이고 헤어지는 회집의 자리에서 발생되는 것이 예배이며, 그 자리에서 하나님의 말씀이 선포됩니다. 따라서 교회가 건물이나 제도, 조직을 가지고 있으면서, 함께 모이고 헤어지는 구체적인 회집의 행위가 없다면, '보이는 교회'로서의 역사적 교회는 세상에서 보이지 않게 되고, 그럴 때, 온전한 의미에서 예배와 설교의 자리도 사라지게 된다고 말할 수 있습니다.

　　나치 치하의 변질된 독일교회 아래 핍박을 받으면서 새롭고 참된 교회운동을 펼친 본회퍼에게 '보이는 교회'는 '경험적 교회'였습니다. 경험적 교회는 지역의 개별 교회, 혹은 그 교회들의 연합체로서 역사적 공동체를 말합니다. 그는 영적 교회인 '본질적 교회'는 이 경험적 교회를 통해 존재한다고 보았습니다. 이 '본질적 교회'와 '경험적 교회' 간의 상호공존에 관해 주목할 내용은, 하나님의 사랑은 타자를 향하면서 타자 안에 속하려는 성도 간의 교제로 이끌고 가는 의지, 그리고 그 공동체를 향한 헌신으로 이끄는 의지라는 것입니다. 결국, 세상 속에 있는 교회의 역사적 실재성은 하나님의 사랑의 활동성 곧, 흩어져 있는 성도들이 한자리에 회합하고 교제하는 행위에서 발견됩니다. 그런데 본회퍼에게 하나님의 사랑, 즉 회집하는 성도의 모임의 출현-유지-강화는 '말씀'으로 발생합니다. 왜냐하면 하나님의 말씀은 흩어진 성도들을 불러 모아 결속시키는 동력으로, 그들은 모이면서 서로를 결속시키는 말씀을 거듭하여 듣게 되고, 그러면서 그들의 결속은 더욱 강화되기 때문입니다. 여기서 예배^{성찬}와 설교가 하나님의 말씀이 활동하는 방편이 됩니다. 예배와 설교는 교회를 발생시키고 지속케 하는 하나님의 행위로서, 교회의 권위 있고 보편적인 실천입니다. 한 마디로, 그것의 의의는 그것이 어느 개인이나 특정 그룹의 모임이 아닌, 온 성도들의 모임이라는 공적 현장에서 발생한다는 데에 있습니다. 그렇기에 오늘 감염병 사태로 교회됨의 일상성이 깨진 상황을 대하는 목회자와 성도들의 생각은 혼란스럽고, 복잡합니다.

그러나 교회에 관한 신학적 확신과는 별개로, 기독교회는 역사적으로 박해와 전염병, 전쟁 등과 같은 위급한 상황 속에서 흩어져야 했던 때가 많았고, 그때마다 비상시적 방식으로 신앙과 교회를 지켰습니다. 국교도들의 박해 속에 대서양을 건너던 피난선 갑판 위의 청교도들이 그랬고, 삼일운동 가담으로 서대문형무소의 감옥에 갇힌 성도들이 그랬습니다. 분명, 하나님의 임재와 성도들의 예배는 익숙한 교회됨의 일상성에 제한되지 않습니다. 주님은 엠마오의 두 제자처럼, 두세 사람이 그의 이름으로 모인 곳에 계시며[마 18:20; 눅 24:30-34], 때론 도망치는 야곱이나, 미디안 산중의 모세, 고난 중의 다윗처럼, 주님은 홀로 고독 속에 갇혀 있는 '나'에게 말씀해 오시고, '나'의 감사와 찬양을 기뻐 받으십니다[창 28:18-22; 출 3:1-5; 시 7; 13; 145]. 그러나 바르트도 강조하듯 성서와 역사의 교회들은 성령의 행업이 지상적이며 역사적인 교회, 곧 회집하는 성도들의 구체적인 모임과 교제를 통해 나타남을 증언합니다. 하나님의 은총은 모든 상황과 방식을 통하시며 주권적이고 자유하십니다. 그럼에도 그의 백성을 부르시고, 말씀하시며, 그들과 연합하시고, 그들을 파송하시는 하나님의 상시적이며 신실한 방편은 세상 가운데 그리스도의 몸으로 성육신하여 있는 교회, 곧 회집되어 있는 신자의 모임임을 기억해야 합니다. 뿐만 아니라, 기독교의 신앙은 공동체적이어서, 다양한 세대와 성도들이 한데 어우러져 예배하며 교제하는 자리에서 촉발되고, 자라며 강화됨을 상기해야 합니다.

그러므로 교회는 현 사회적 거리두기 상황 하의 성도 간 비대면 예배가 어디까지나 예외적이며 긴급상황, 곧 인류의 생명을 위협하는 감염병의 확산과 같은 국가적 재난의 상황에서 취하는 임시적 자구책임을 잊어서는 안 됩니다. 흑사병과 같은 인류의 재앙들을 피해 교회와 성도들이 흩어졌지만, 회집하는 성도의 모임으로서의 교회는 결코 소멸되지 않았으며, 다시 일어났음을 기억해야 합니다. 따라서 목회자와 성도들은 성도의 회집과 교제가 중단된 현 상황을 애통해하고, 교회가 속히 일상의 모습을 되찾아 성도가 함께 모여 예배하고 교제하며, 주님의 떡과 잔을 통해 그리스도의 몸을 이루는 날이 다시 오기를 기도하며 인내로 견디어야 합니다. 특별히, 지역사회의 방역기관과 이를 위해 헌신하고 수고하는 의료봉사자, 자원봉사자들을 위해 함께 기도해야 합니다. 그렇다면, 재난 상황 속에서 교회는 어떻게 교회됨을 잃지 않고, 예배를 지속해갈 수 있을까요?

사회적 거리두기에 따른
비일상적 예배의 실행을 위한 지침들

앞서 제시한 성찰적 과제가 현 상황에서의 소극적이고 수동적인 과제라 한다면, 비대면과 같은 비상시적인 예배의 실행은 적극적이고 능동적인 과제라 할 수 있습니다. 나아가 세계적 재난의 상황에서 교회의 대응은 즉흥적 임기응변을 넘어 생명의 보호와 안전이라는 성서와 인류 사회의 보편가치를 지키려는 책임 있는 태도가 되어야 합니다. 그러기 위해, 교단과 각 교회는 이번 코로나19 사태를 계기 삼아 다시 올 수 있는 재난 상황에 대응할 『예배모범』 또는 『예배매뉴얼』을 마련해야 합니다. 예배의 실행을 위해 고려할 수 있는 몇 가지 안내와 지침들은 다음과 같습니다.

교회 내의 예배를 지속해야만 하는 경우
사회적 거리두기의 상황에서의 교회별 대응은 교회의 여건과 처지에 따라 다릅니다. 많은 교회가 주일예배를 미디어를 통한 비대면 예배로 대체하고, 사회적 여론은 교회폐쇄를 요구하지만, 불가피한 이유로 교회 내의 예배를 중지하지 못하는 교회들이 있을 수 있습니다. 신앙심과 더불어 미자립 교회나 상가건물에 세 들어 있는 교회의 경우, 지속되는 비대면 예배는 교회의 존속 자체를 흔들 수 있기 때문입니다. 따라서 피치 못할 이유로 교회 내의 예배를 지속할 수밖에 없는 경우, 교회들은 다음과 같은 부분들을 신중히 고려해야 합니다.

1) 감염예방과 방역수칙 준수

교회가 주의를 갖고 신중을 기해야 할 것은 방역당국이 요구하는 감염예방과 방역수칙을 철저히 이행, 준수하여, 예배로 인해 발생할 수 있는 감염확산을 방지하는 일입니다. 따라서 교회는 예배 전과 후, 예배자들과 예배공간에 대한 방역에 힘쓰되, 먼저, 교회 입구에 체온계와 열화상 카메라를 설치하여 예배자들의 발열 상태를 확인하고, 예배위원들을 포함하여 모든 예배자의 마스크 착용을 의무화해야 합니다. 기도자를 포함한 예배위원들은 순서진행 시에도 마스크를 착용토록 합니다. 예배의 인도나 기도, 찬양 시의 발성은 평소 발성보다 많은 양의 비말을 멀리 보낼 수 있습니다. 설교자의 경우, 천장이 낮고 앞쪽 성도와의 거리가 5m 이상 확보되지 않는다면 마스크를 쓰는 것이 안전합니다. 또한 교회는 예배실 입구와 곳곳에 손 세정제를 배치하여 입, 퇴장 시와 예배 중에 성도들이 개인위생을 유지할 수 있도록 해야 합니다. 성도 간 악수례는 삼가고, 인사만 하되, 서로 간의 대화도 가급적 삼가도록 합니다. 또한 예배실 내 공기 통풍이 잘되도록 환기 시스템을 점검해야 합니다. 무엇보다 예배자 간 좌석의 간격을 최소 2m에서 최대 4m로 띄워야 합니다. 보통 장의자의 경우, 한 칸에 1명, 두 칸에 최대 3명 이내로 제한하고, 개인별 의자일 때 좌우로 각 5명의 좌석을 띄우고, 앞뒤로는 한 줄을 띄워 앉도록 합니다. 만일, 예배자 간 간격확보로 인해 예배자들을 모두 수용치 못할 경우, 예배 횟수를 늘리거나 예배별로 참석 인원 제한을 둘 수 있습니다. 이 경우, 당일 예배 참석을 못하는 성도들은 온라인 예배나 가정예배로 대체하도록 하고, 예배 참석권을 격주로 부여하여 모두가 동등하게 예배에 참석하도록 할 수 있습니다.

2) 예배소요 시간의 단축

예배를 통한 집단감염을 방지하기 위해 실내공간에서의 모임 시간을 최대한 줄여야 합니다. 따라서 교회는 예배 진행 시간을 최대 40분을 넘지 않는 선에서 예배와 설교시간을 단축해야 합니다. 가령, 설교 전 대표기도는 주보에 기도문을 짧게 넣어 함께 읽는 방식으로 바꿀 수 있고, 예배 전 찬양과 찬양대의 찬양은 당분간 생략하고, 간단한 방식으로 바꿔야 합니다. 무엇보다 설교의 시간을 18분으로 하되 최대 20분을 넘지 않도록 합니다. 헌금의 경우, 헌금바구니 대신 헌금함을 사용토록 하여 헌금위원과 예배자 간의 접촉을 줄여야 합니다. 축도나 후주후, 성도 간의 인사는 가급적 생략하고 바로 예배실을 나가도록 합니다. 예배인도자와 설교자는 마스크를 쓰고 교인들과 목례로 인사하되, 악수는 하지 않도록 합니다. 특별히 주일의 공동체 식사나 애찬은 생략하고, 가급적 주일에는 식당이나 주방사용을 금하도록 합니다.

3) 개방된 공간에서의 예배(야외예배)

교인의 규모가 작고 일기가 허용할 때, 개방된 공간이나 야외에서 예배드리는 방안도 고려할 수 있습니다. 야외는 사람의 비말이 공기 중에 머무르는 시간이 길지 않기에 실내보다 감염방지에 다소 수월할 수 있습니다. 그럼에도 개인과 예배공간에 대한 위생과 방역수칙은 실내에서와 차이 없이 준수합니다. 야외예배로 가능한 방식들 가운데 한 예는 미국과 국내에서 시도되는 것으로, 주차장이나 학교 운동장과 같은 공간에서 성도들이 자가 차량에 승차한 채로 예배^{Drive-in 예배}하는 방법입니다. 이때 예배인도자와 설교자는 외부에서 인도를 하고, 예배인도 와 설교는 라디오 주파수를 맞춰 할 수 있습니다.

미디어를 통한 비대면 예배

교회가 감염병 재난과 같은 요인으로 회집을 지속할 수 없을 때, 교회는 교회됨의 의미를 미디어^{인쇄물, 라디오, TV, 인 터넷, SNS 등}를 통한 간접 연결성, 내지는 내적 그물망의 관계 성에서 찾을 수 있습니다. 이때 떨어진 성도들은 미디어 를 통해 원격적으로, 혹은 화면이나 스크린 같은 가상공 간에서 모이게 됩니다. 미디어를 통한 비대면 예배가 예 외적으로 허용될 수 있는 여지는 세 가지로, 1) 신앙적 관 계의 연결성, 2) 내용의 연결성, 그리고 3) 동시간의 연 결성입니다. 즉, 같은 시간에 미디어로 연결되어 있으면 서, 동일한 신앙고백과 간구, 공동체를 향한 말씀과 감 사, 봉헌과 파송의 내용에 참여한다고 할 때, 그것은 예 외적 상황 하에 흩어진 성도들이 함께 하는 예배가 될 수

재난과 교회 | 코로나19 그리고 그 이후를 위한 신학적 성찰

있습니다. 따라서 재난으로 인한 사회적 거리두기 상황에 있는 교회는 신자들의 물리적 회집의 행위를 넘어, 성도들을 신비하게 묶으시고 만나시는 그리스도의 말씀과 성령의 역사에서 교회됨의 권위와 의미를 찾을 수 있습니다. 미디어를 활용한 비대면 예배를 위해 다음과 같은 방식들을 고려할 수 있습니다.

1) 영상 미디어를 통한 예배

영상 미디어 예배는 두 가지 형태로 가능한데, 하나는 실시간 온라인 방송과 다른 하나는 녹화영상을 통한 예배입니다. 먼저, 실시간 방송은 교회가 현재 운영하는 인터넷 홈페이지나, 목회자가 직접 페이스북 라이브와 유투브를 활용할 수 있습니다. 특히 100명 이내의 예배인 경우는 화상을 통해 실시간 상호작용이 가능한 줌http://zoom.us/ 프로그램을 활용할 수 있습니다. 녹화 예배의 경우는 반디캠과 같은 프로그램을 구입하여 목회자가 직접 예배 영상을 녹화할 수 있습니다. 이러한 방식들이 어려운 경우는 개인 스마트폰에 녹화/편집 앱을 다운받아 예배를 촬영하고 그 파일을 성도들과 공유할 수 있습니다.

영상을 통한 비대면 예배 시, 예배의 집중도에 유의

해야 합니다. 영상화면을 통한 비대면 예배는 특성상 참여자의 집중도가 낮습니다. 이는 예배공간이 예배를 위한 것이 아닌, 평소의 생활과 업무공간이고, 예배 중간에 집중을 방해하는 일상의 잡음들이 상시적으로 발생하기 때문입니다. 따라서 목회자는 올바르고 경건한 비대면 예배를 위해 성도들에게 예배준비와 환경조성, 마음가짐 등과 같은 구체적인 예배지침들을 제공해야 합니다. 비대면 영상예배를 위한 지침의 예시는 아래와 같을 수 있습니다.

① 시간과 장소를 구별합니다.
　예배는 하나님께서 당신에게 말씀으로 임하시는 거룩한 시간입니다. 일상을 잠시 중단하고 예배를 위한 시간을 구별하고 조용한 장소를 찾아 이동하십시오.

② 예배에 합당한 환경을 조성합니다.
　예배 10분 전, 예배 집중을 방해하는 요인들소음, 전화, SNS메시지, 잡담 등을 차단하고, 자리를 정돈합니다. (* 집중된 예배를 위해 가능한 데스크탑이나 노트북을 사용하고 휴대용 스마트기기 사용 시, '방해금지' 모드로 전환합니다.)

③ 하나님께 마음을 모으고, 성령님의 임재를 청합니다.

예배 5분 전, 자리에 앉아 분주한 마음과 생각을 가라앉혀 하나님께 집중하고, 예배 3분 전, 1-2분간 침묵으로 자신을 주님께 의탁하고 성령님의 임재를 청하는 기도를 합니다.(2인 이상 함께 예배 시, 한 명이 대표로 기도할 수 있습니다.)

④ **예배에 온전히 집중합니다.**

예배가 시작되고 마칠 때까지, 하나님의 임재 안에 머물기 위해 옆 사람과의 대화를 금하고, 주변의 일들에 반응하지 않도록 합니다.(＊ 2인 이상 예배 시, 옆 사람의 예배를 방해하지 않도록 주의합니다.)

⑤ **몸과 목소리로 적극 참여합니다.**

영상 속 인도자의 안내에 따라 자리에서 일어나고 앉으며, 소리를 내어 찬양하고 기도에 응답합니다.

⑥ **감사기도로 마무리합니다.**

축도 후 바로 퇴장하지 마시고, 후주 시, 1-2분간 개인적으로 하나님의 말씀과 임재에 감사하는 기도로 예배를 마무리합니다.

⑦ **일상으로 돌아갑니다.**

개인적인 마무리 기도가 끝난 후, 자리에서 일어나 퇴장합니다.

집중도가 낮은 영상예배를 고려해 설교는 18분 이내로 줄이고, 전체 예배시간은 가급적 40분을 넘지 않도록 합니다. 봉헌은 교회의 금융계좌로 이체, 송금하는 방식보다는 예배의 정신을 살리고, 경건한 참여를 위해 예배 전 미리 작은 접시를 준비하여 봉헌순서에 봉헌금을 그곳에 올리도록 하고, 예배 후, 교회 계좌로 송금하는 방법이 좋습니다. 비대면 영상예배가 실황이든 녹화든 중요하지 않습니다. 온 성도들이 주일 동일한 시간에 동일한 예배 안에서 함께 연결되어 있다는 것이 중요합니다.

2) 가정예배

가정예배는 영상 미디어 중계가 어려운 교회들이 택할 수 있는 대안으로서, 교회가 가정단위로 제공한 인쇄된 예배문에 따라 드리는 예배입니다. 주일예배를 가정예배로 대치할 경우, 고려해야 할 내용은 아래와 같습니다.

① 교회는 가정예배 지침을 안내하고, 예배문을 제작하여 인쇄물, 혹은 SNS로 공유합니다.

② 가정예배는 특성상 목회자가 아닌 평신도인 가족 구성원 가운데 한 명이 인도하기에 예배는 복잡하지 않게 간소한 형식으로 하고, 예배의 길이도 30분을

넘지 않도록 합니다.

③ 예배문은 가능한 한 인도자용과 회중용 두 종류로 나누어 제공하되, 인도자용은 각 순서 예배의 부름, 기원기도, 죄의 고백, 설교문, 봉헌기도, 교제와 소식, 폐회기도와 파송 등의 흐름과 진행을 위한 인도자 문구를 함께 넣어주면 도움이 됩니다.

④ 예배 시작 5분 전 자리에 앉아 개인적으로 마음을 모으고 기도로 준비하도록 합니다.

⑤ 목회자는 설교문도 함께 제공하여 인도자가 설교문을 대독하거나, 영상미디어와 혼용하여 교회가 제공한 설교 영상을 시청할 수 있습니다.

⑥ 찬양곡은 악기 반주 없이 인도하고 따라 부를 수 있는 곡으로 합니다.

⑦ 폐회기도 후 1-2분간 개인기도로 예배를 마무리한 후, 자리에서 떠나게 합니다.

3) 개인예배

주일예배의 공중성을 생각할 때, '개인'과 '예배'는 서로 상존할 수 없는 말입니다. 그러나 사회적 거리두기의 상황에서 주일예배의 대체로서 '개인예배'는 당면하는 현실이 됩니다. 이는 감염병 확산 속에서 개인의 자가격리가 빈번하고, 교회는 격리된 공간에서 주일을 홀로 보내야 하는 성도를 위해 목회적 배려를 해야 하기 때문입니다. 특별히 그런 상황에 영상미디어사용이 어렵거나, 불가능한 성도들도 있음을 생각해야 합니다. 또한 감염병이 아니더라도 오늘날 혼자 중심의 생활인 '혼-문화'가 부상하면서 가족 단위가 아닌, 개인 단위로 신앙생활을 하는 성도들이 많습니다. 인터넷 영상을 통한 비대면 예배의 경우, 이미 개인으로 드리는 경우도 많습니다. 따라서 교회는 사회적 거리두기 상황에서 주일에 홀로 예배해야 하는 개인 성도들에게 예배할 수 있도록 돕고, 그것을 가정예배나, 개인묵상과 QT와도 차별화할 수 있어야 합니다. 이는 개인의 말씀묵상과 달리 예배는 하나님의 말씀하심과 인간예배자의 응답이라는 대화적 흐름을 갖고 움직이기 때문입니다. 개인예배를 위한 고려사항은 아래와 같을 수 있습니다.

① 기본적으로 가정예배의 내용에 기초하되, 성도가 예배의 시작에서 마침까지 예배의 내용을 독백으로 읽어 내려가듯 말을 붙이고, 하나님과 대화하듯 할 수 있습니다. 가령,

재난과 교회 | 코로나19 그리고 그 이후를 위한 신학적 성찰

예배의부름: "하나님이 이르시되 ⋯ 네가 선 곳은 거룩한 땅이니 네 발에서 신을 벗으라 하나님은 영이시니 예배하는 자가 영과 진리로 예배할지니라"

예배의기원: 주여, 나의 눈으로 주님을 보게 하시며, 나의 귀로 말씀을 듣게 하시고, 나의 입으로 주님의 영광을 송축하오니, 나의 예배를 받으옵소서. 예수 그리스도의 이름으로 기원하옵나이다.

나를 예배의 자리로 부르신 주님, 이제는 내가 주의 이름을 높이 찬양하오니,

경배찬양: 찬송가 ○○○장

죄의고백: 자비하신 하나님, 주의 십자가의 은혜에 의지하여 제가 말과 행실, 마음으로 지은 죄를 침묵으로 고백하오니, 그리스도여 저를 불쌍히 여기시고 긍휼을 베풀어 주옵소서. (1분간 침묵)

자비하신 주님, 주께서 진실로 죄를 고백하는 자에게 용서의 말씀을 주시오니,

용서의선언: *모든 사람이 죄를 범하였으매 하나님의 영광에 이르지 못하더니 그리스도 예수 안에 있는 속량으로 말미암아 값없이 의롭다 하심을 얻은 자 되었느니라* 롬 3:23-24

② 이후, 시편 교독이나, 간구의 기도 후 아래와 같이 기원하면서 성경봉독 순서로 진행하고, 이어서 설교로 진행할 수 있습니다.

주의 말씀은 내 발의 등이요 내 길에 빛이시니이다. 주여 말씀하옵소서. 종이 듣겠나이다

성경봉독: 요4:5-32

주님, 이제 주의 말씀을 경청하오니, 진리의 성령이여, 종에게 은혜를 베푸사 주의 진리를 보게 하옵소서.

설 교 : * 교회 제공 영상 시청, 혹은 설교문을 읽음.
봉 헌 : *주여, 주께서 주신 것에 감사하여 주님께 드리오니 기뻐 받으시고, 흠향하시어 주님의 나라와 뜻*

을 이루시고, 주님 안에 육신과 몸으로 고통하는 자
들을 살피어 주님의 생명을 누리게 하옵소서

③ 예배시간은 30분을 넘지 않도록 하며, 예배 시작 전
과 폐회기도 후, 침묵으로 예배를 준비하거나 마무
리할 수 있도록 합니다.

공동체를 위한 주중 돌봄

비대면 예배가 지속되는 동안, 목회자는 흩어져 있
거나 격리된 성도들을 말씀과 기도로 격려하고 위로할 방
법들을 찾아야 합니다. 코로나19의 확산세로 로마 교황
청은 지난 3월 11일 유사 이래 처음으로 로마 시내 900여
교회에 대한 폐쇄 명령을 내렸습니다. 그러나 교회는 하
루 만에 이를 번복했습니다. 이유는 어떤 상황에서도 그
리스도가 사람들로부터 격리되어서는 안 된다는 취지였
습니다. 보도된 기사는 프란치스코 교황의 기도를 다음
과 같이 소개했습니다. *"하나님이 성직자들에게 코로나
바이러스로 고통받는 이들을 도울 최고의 방법을 선택할
힘과 능력을 주기를, 그래서 성직자들이 하나님을 섬기
는 신자들을 홀로 남겨두지 않기를 …"* 프란치스코 교황

의 기도는 16세기 유럽의 흑사병에 대한 종교개혁자들의 목회적 대응 태도와 연결됩니다. 오늘 우리의 교회들도 각기 처한 상황과 여건 안에서 목양적 소임을 다할 수 있는 최선의 방안들을 강구해야 합니다. 필요하다면 감염 예방수칙과 방역지침을 철저히 준수하면서 예배나 기도실을 제한적으로 개방할 수도 있습니다. 뿐만 아니라, 손편지를 주고받는 것도 좋은 목양적 방안이 될 수 있습니다. 손편지는 비대면이지만, 인격적 진정성이 전달되는 장점을 갖습니다.

이상의 내용은 필자의 제한된 제안에 불과합니다. 교단은 폭넓은 목회적이며 전문적 지혜들을 모아 재난 상황에 대비한 〈예배모범〉을 마련해야 하고, 그렇지 못하다면, 각 교회는 자신들의 상황과 형편에 맞는 비상대비 〈예배매뉴얼〉을 준비해야 합니다. 제안을 마치면서 한 가지 생각을 붙이고자 합니다. 교회들은 현재의 임시적 비대면 예배가 사후에 회집을 중심으로 하는 성도들의 신앙생활과 예배실천에 어떤 영향과 변화를 줄지 기대와 우려를 함께 합니다. 교회가 신중할 것은 현재 상황에서의 비대면 예배의 지속이 오늘날 우리 사회의 탈종교-교회 사조와 맞물려 가현설적 교회론으로 흐르지 않도록 주의하는 일입니다. 교회는 형식적이며 도그마적 교회주의를 벗어야 합니다. 그러나 역사 안에 회집하는 성도의 모임과 교제로서의 교회는 보존되고 유지되어야 하는 기독교 신앙의 근본입니다. 게다가 예배와 설교사역은 하나님에 관한 정보를 처리, 소비하는 행위가 아니며, 효율과 편리성에 기반한 기술문명에 맹목적으로 의존해야 하는 성질의 것도 아닙니다. 이런 점에서 교회는 재난 상황이 아닌 평상시 인터넷 미디어를 통한 비대면 영상예배에 대한 목적을 분명히 할 필요가 있습니다. 성도가 함께 모여 예배할 때, 성도들은 그리스도의 몸으로서의 교회가 무엇인지를 비로소 전인적으로 알게 되고, 역사 속에 '보이는 교회'가 숨 쉬는 영적이며 사회적 생명력이 무엇인지를 느끼게 됩니다. 바라기는 교회됨의 비일상성에 놓인 현 상황이 교회의 익숙했던 실천들을 근원적 차원에서 성찰하고, 참된 교회를 향한 보다 생동력 있고 균형 잡힌 예배로 이끄는 은총의 전기가 되기 바랍니다.

다음 문헌을 참고했습니다.

디트리히 본회퍼 지음. 『성도의 교제: 교회사회학에 대한 교의학적 연구』. 유석성, 이신건 옮김. 서울: 대한기독교서회, 2010.

박경수. "흑사병에 대한 종교개혁자들의 태도". 본서의 제4장.

신영전. "[세상읽기] 나쁜 바이러스는 없다". 「한겨레」 (2020. 3. 4). http://www. hani. co. kr/arti/opinion/column/931142. html (2020. 3. 4. 접속).

안교성. "교회와 재난: 한국교회를 중심으로". 본서의 제5장

엘리스 넬슨 지음. 박원호 옮김. 『신앙교육의 터전』. 서울: 한국장로교출판사, 1998.

전성훈. "'과감한 조처 항상 선은 아냐' 교황반대에 로마 성당 다시 개방". 「연합뉴스」 (2020. 3. 14.). https://www. yna. co. kr/view/AKR20200314004500109?inp ut=1179m (2020. 3. 14. 접속).

칼 바르트. 『교회교의학 IV/1: 화해에 관한 교의 제1권』. 김재진 옮김. 서울: 대한기 독교서회, 2017.

재난과 목회상담:
코로나19 상황에서 사랑을 외치다!

이상억

장로회신학대학교 교수 | 목회상담

비밀은 가르쳐 주면 압니다. 비밀이 풀리기 때문입
니다. 그러나 신비는 아무리 논리적인 설명을 들어도 풀
리지 않을 때가 많습니다. 이러한 신비의 속성을 '삶'은
고스란히 담고 있습니다. 그래서 삶은 이성적으로 또 논
리적으로 이해하는 것이 아니라, 경험해야 알게 되는 것
같습니다. 하지만 경험 자체가 그리 녹록치 않다는 데 문
제가 있습니다. 즐겁고 행복해 나도 모르게 입가에 미소

를 띠게 하는 경험이야 달콤합니다. 그러나 어이없고 불안한 데다 슬프고 절망스럽기까지 하다면 죽음과 같은 고통을 느끼게 됩니다. 물론 이렇게 잔인한 경험이라 할지라도 경험해야 신비한 삶도 알게 되고, 인생에 담긴 하나님의 뜻도 어느 정도 깨닫겠지만, 지금 당장 그 뼈아픈 경험을 살아야 하는 입장에서는 여간 힘든 것이 아닙니다.

코로나19 감염증이라는 재난 상황에서 우리는 무척 어려운 경험을 경험하고 있습니다. 눈에 보이지 않는 작은 바이러스의 위협이 불안을 넘어 공포가 되었습니다. 세계보건기구는 전 세계 대유행pandemic을 선언했습니다. 3월 19일 정오 현재 우리나라 확진자가 8,565명, 전 세계적으로는 219,237명의 확진자가 발생했습니다. 중국 후베이성 우한에서 발현한 이 감염증이 극동아시아와 동남아시아를 넘어 중동과 유럽, 그리고 온 세상으로 퍼져가고 있습니다.

이러한 위기 상황에서 나타나는 인간의 비열함과 잔인함에 서글픔을 느낍니다. 기본적인 위생용품인 마스크나 손세정제의 매점매석 행위와 사재기, 나만 살면 된다는 식의 이기적인 모습들이 횡행하기 때문입니다. 특정 국가와 특정 지역, 그리고 확진자와 외국인에 대한 비난과 혐오 xenophobia 가 도를 넘기도 합니다. 나라마다 빗장을 걸어 잠그고 이동을 엄격히 제한하게 되었습니다. 이에 따라 수많은 사람이 경제적인 타격을 받아 당장 하루를 먹고 사는 것을 걱정하게 되었습니다. 또 많은 사람이 자의든 타의든 집에 머물게 되면서 가족 간 언어폭력과 가정폭력, 이혼율이 증가하는 마음 아픈 현재를 우리는 살아가고 있습니다.

더불어 영혼의 안식처 querencia 로서 교회가 신천지라는 이단에 의해 매도되어, 어느덧 바이러스 온상지라는 불안한 공간처럼 인식된 것에 대해 피눈물이 납니다. 정부나 지자체에서 예배 중단을 종용하고, 예배를 드리는 교회 공동체에 대해 비난하는 오늘이 되었습니다. 이익을 추구하는 다른 다중이용시설들과 달리 생명과 공익을 걱정한 교회가 개 교회 공동체의 건강한 협의 과정을 거쳐 선제적으로 디아스포라예배 온라인 가정예배 를 제안하고 비통한 심정으로 교회를 폐쇄하기도 했지만, 또 예배를 드리는 교회라 할지라도 사회적 거리두기를 실천하기 위해 상호 간격과 예배의 횟수를 늘리고, 예배당 소독과 개인 위생용품 구비 등 많은 대비를 하고 예배를 드리기도 했지만, 일부 무분별한 언론에 의해 호도되어 이단과 교회가 동급으로 취급되는 속상한 현 상황을 우리는 살아가고 있습니다.

이러한 재난과 위기의 상황에서 우리 그리스도인들은 어떻게 이 상황을 받아들여야 할까요? 그리고 도대체 무엇을 할 수 있을까요? 그저 한 사람의 목회상담학자로서, 또 실천신학자로서 드리는 부족한 제안이 글을 읽는 모든 분에게 위로가 되기를 소망합니다.

재난에 대한 일반적인 심리적 반응

먼저 현재 상황은 온 세계가 인정하듯 재난 상황입니다. 예상할 수 없었고, 감당하기 어려운, 게다가 불안과 공포가 엄습하는 재난은 사람에게 생존의 욕구를 촉발, 아니 폭발시킵니다. 사실 살아있는 모든 존재에게 생존이라는 개념은 에너지를 가장 크게 증폭시키는 콤플렉스입니다. 무사안일의 삶이라면 이 콤플렉스는 거의 작동하지 않아 존재하는지도 모릅니다. 그러나 재난과 같은 위기의 상황이 오면 이 콤플렉스는 사람을 무너뜨립니

재난과 교회 | 코로나19 그리고 그 이후를 위한 신학적 성찰

다. 그가 가진 지식, 도덕과 윤리, 때로는 성품과 신앙까지 무너뜨립니다. 오로지 생존을 위해 앞만 보고 뛰어가게 됩니다. 내 옆에서 누가 아픈지 누가 힘든지는, '그 따위 것은 아무 것도 아니라'고 여기게 됩니다.

인생을 살아가며 우리는 많은 발달과제를 갖게 됩니다. 시간의 흐름과 발달의 과정을 거치며 처음 경험하는 것에 대한 기대감도 있지만, 불안함이나 혹은 심지어 공포심을 갖게 될 때가 있습니다. 때문에 발달을 통해 이루어야 할 과제가 큰 짐으로, 혹은 스트레스로 환원되어 나타납니다. 예를 들어, 부모의 울안에서 안전함을 누리던 아이들이 어엿한 성인으로 성장하기 전, 청소년 시기를 경험합니다. 이 시기의 발달과제는 아무래도 자아정체성의 수립입니다. 처음 경험하는 이 과도기적 혼란을 잘 넘겨 보다 안정적인 자아정체성을 수립하는 아이들도 있지만, 이 혼란을 재난과 같이 여겨 많은 아이는 질풍노도의 불안정을 경험합니다. 혼란과 절망, 우울과 깊은 상실감에 어그러진 자아정체성을 갖기도 합니다.

이와 비슷하게, 아무리 나이가 들어도 난생처음 경험하는 재난 앞에서 우리는 청소년기적 불안정을 경험하게 됩니다. 누군가 따뜻한 위로를 건네는 좋은 사람이 옆에 있다면, 그리고 함께 울고 함께 웃는 따뜻한 지지그룹이 있다면, 이 아픔에서 좀 더 빨리 회복되고 또 다른 성장과 발달과제를 향해 나아갈 것입니다. 그러나 재난의 상황에서는 모든 사람이 아픔을 경험하기에, '당장 내 코가 석자'라는 생각이 사람들을 압도합니다. 그래서 재난을 극복하거나 회복을 경험하는 것은 무척 어려운 일이 되고, 상처는 더욱 깊어지는 경향을 갖습니다. 따라서 재난이 가져다주는 불안정은 개인을 넘어선 공동체 외상communal trauma으로 작용합니다. 개인적으로는 스트레스와 불안이 가져다주는 여러 가지 신체화장애somatization disorder를 경험하게 됩니다. 안절부절못하는 마음, 생각이 정리되지 않고 온통 혼란한 마음, 우울함, 불면증, 편두통, 멍한 느낌, 근육경련, 가슴 통증과 답답함, 빈맥과 호흡불안정, 가성假面질환 등의 증상을 경험합니다. 집단적으로는 예민함과 의심, 이기심, 분파分裂주의, 차별, 집단적 분노와 증오범죄, 폭력과 집단 조울증 등의 양상이 나타납니다.

기독교인이라 해도 사람인 이상 이러한 외상 발현의 범주에서 완전히 자유로울 수는 없을 것입니다. 특히 기독교인은 조금 더 큰 혼란스러움을 경험할 수 있습니다.

재난과 교회 | 코로나19 그리고 그 이후를 위한 신학적 성찰

종교적 행위 속에 감춰진 인간의 본성이 여지없이 드러나 신앙과 삶의 일치성이 무너지는 것에 대한 영적인 혼란함이 가중되기 때문입니다. 또 재난이 하나님의 심판인지, 왜 이런 경험을 하는 것인지, 더 나아가 기도와 말씀, 예배의 패러다임이 바뀌는 현실을 어떻게 받아들여야 하는지, 신앙인으로서 어떻게 현실을 살아야 하는지, 도대체 하나님은 뭐하고 계시는지 등, 재난의 상황에서 고민이 깊어집니다.

사람은 불안한 현실을 오래 버티기 싫어합니다. 그래서 안정성을 회복하고자 불안에 대한 나름의 이유를 찾습니다. 또 찾은 이유가 자신의 생각에 맞지 않다고 생각하면 맹렬하게 비난하는 경향을 갖습니다. 그래서 신천지라는 이단, 특정 나라나 지역, 특정 인물에 대해 맹렬한 비판을 가하게 됩니다. 그런데 복음 안에서 어느 누구나 사랑하고 포용해야 한다는 신앙을 가진 기독교인으로서, 이러한 비난에 가담하거나, 가담하려는 스스로에 대해 슬픔과 혼란을 경험할 것입니다. 그러니 신앙인이 갖는 재난에 대한 마음은 더욱 복잡해지는 것입니다.

재난에 대한 목회상담적 해석

　이러한 재난의 상황에서 신앙을 가진 그리스도인은 어떻게 현재를 해석하고 받아들일 수 있을까요? 먼저, 재난의 이유를 찾고 분석하려는 마음을 위로하면 좋겠습니다. '앎'이라는 것은 안정을 주기도 하지만, 때로 병이 되기도 하는 역설을 담고 있답니다. 더구나 알아도 어쩔 수 없는 위기상황에서 '왜?'라는 질문은 불안과 불만을 증폭시킬 뿐입니다. 사람을 더욱 혼란스럽게 하고 마음을 피폐하게 합니다. 그래서 병리적 현상을 경험합니다. 깊은 허무주의에 빠지기도 하고, 혹은 신기루와 같은 가성 희망에 빠져 신비주의에 심취하기도 하는 양극단을 경험하게 합니다. 이러한 함정에 빠지지 않으려면, 재난의 이유를 찾는 우리의 상한 마음을 불쌍히 여겨야 합니다 _{욥 19:21-22}. '많이 힘들었지?' '미안해!' '고맙다!' '사랑한다!' 임종을 앞둔 사람들이 남겨질 가족들에게 가장 많이 하는 말을 전해주는 것입니다. 자신에게도 그리하는 것입니다. '이것은 하나님의 징벌'이라고, '이 일이 벌어진 이유는 심판과 경고'라고 섣불리 판단하거나 함부로 정의하듯 말하지 않아야 합니다.

지금의 재난이 하나님의 심판이건 아니건 간에 우리는 그저 하나님을 생각하면 좋겠습니다. 우리의 마음을 하나님께로 향하는 것입니다. 우리와 언제나 동행하시는 임마누엘 하나님을 기억하는 것입니다[마 1:23]. 불안하고 분주한 마음을 잠시 내려놓고, 우리의 마음을 하나님께로 돌이키는 것입니다[시 80:3]. 신학은 이것을 회개라고 합니다. 그렇게 하면, 재난 상황에 매몰된 듯 마음을 송두리째 빼앗기지 않게 됩니다. 즉 우리 마음을 하나님께로 돌이킬 때, 현재와 '적당한 거리두기'를 통한 정확한 상황인식을 하게 됩니다. 재난의 이유는 모르지만 재난 상황에서 어떻게 살아야 하는지 정신을 차리게 됩니다.

더 나아가 재난 상황에서 하나님을 떠올리면, 즉 회개를 통한 거리두기는, 그리스도인으로서 자신이 누구인지, 어떤 존재여야 하는지, 그 자아정체성을 떠올리게 합니다[빌 3:20]. 그리고 낮고 천한 자리에 오신 그리스도 예수의 마음을 본받을 수 있는 믿음을 기억하게 합니다[눅 18:9-14; 빌 2:5-8]. 우리에게 주어진 사명을 다시 한 번 떠올리는 것입니다[행 1:8]. 자기보다 남을 더 낮게 여기며[빌 2:3], 코로나19라는 위기 상황에서 오히려 사랑을 외치며 사랑을 실천할 수 있는 것입니다.

어둠이 깊어지면 별은 더욱 선명해집니다. 재난의 현장에서 그리스도인들은 생존 욕구라는 콤플렉스에 함몰되어서는 안 됩니다. 오히려 천국 시민권을 가진 존재로 복음을 외치고 실천해야 합니다. 그렇게 우리는 세상의 등불이어야 합니다^{마 5:14-16}. 더 나아가 내게 집중되는 조명 하나를 끄면, 내 앞에 있는 사람들이 별처럼 빛나게 된다는 사실을 잊지 않아야 합니다. 그리스도인은 이웃을 따뜻하게 품는 사랑, 그 자체여야 합니다^{요일 4:11}. 우리 주님께서 십자가를 참으신 이유인 '사람'을 애틋하게 사랑해야 합니다. 눈물 나는 재난이라 할지라도, 가슴 먹먹해지는 위기라 할지라도, 우리에게 주어진 삶을 살아가며 사랑을 외쳐야 합니다. 우리 하나님이 사랑이시니 말입니다^{요일 4:7-12}.

우리는 무엇을 해야 할까요?
코로나19 상황에서 사랑을 외치다!

이제 코로나19 감염증이라는 재난 상황에서 우리는 무엇을 해야 할까요? 어떻게 사랑을 외칠 수 있을까요?

비행기 사고라는 재난 상황에서 위기에 처한 아이를 돕기 위해서는 산소마스크를 아이에게 먼저 씌워주는 것이 아니라 자신이 먼저 써야 합니다. 코로나19 상황에서도 마찬가지입니다. 영적 자기관리와 정서관리를 통해 그리스도인인 자신이 먼저 회복을 경험해야 합니다. 따라서 먼저 스스로 영성관리를 회복해야 합니다. 하늘나라 시민이라는 정체성을 잊지 않기 위해 참된 예배자로 서야 합니다. 기도와 찬송, 성경 암송과 필사를 잊지 않아야 합니다. 대한예수교장로회 통합 교단의 104회 총회 주제처럼 "말씀으로 새롭게 되는 교회"의 일원으로서 말씀을 분깃으로 삼는 것입니다시 119:57. 사회적 거리두기로 홀로 지내는 일이 많아진 요즈음 더욱 하나님의 말씀에 깊이를 더해야 합니다. 모이는ecclesia 예배자로 지내건 흩어지는diaspora 예배자로 지내건 간에 건강한 예배자가 되어야 합니다.

영성관리를 위해 교회는 여러 가지 인프라를 구축하는 것이 필요합니다. 온라인 영상예배, 화상 성경공부, 혹은 전화나 SNS, 인쇄물 등 여러 매체를 활용한 영적 관리의 방향을 모색해야 합니다. 이때 자칫 소외될 수 있는 연세 드신 분들과 장애인들, 아이들을 위해 녹음과 녹화, 유인물 제작 등 재난 상황이지만 영성훈련을 돕는 방법을 고안해야 합니다. 함께 모이는 예배자가 될 때에도 공중위생과 생명을 지키는 지혜로운 방법들_{예배자 간격 띄우기, 예배 횟수를 늘려 사회적 거리두기 유지, 예배 참여자 문진 체크리스트 작성, 마스크, 손세정제, 체온계와 같은 위생물품 구비 등}을 찾아 혹시 모를 감염을 방지해야 합니다. 마스크 안에서 불안한 얼굴로 있기보다는 마스크 너머의 세상에 대해 미소 짓고 인사하는 법을 개발하고, 비접촉 인간관계 속에서도 진한 인간애가 느껴질 수 있도록 다양한 방법을 찾아야 할 것입니다.

두 번째는 정서관리의 실천입니다. 재난의 상황이 길어지면 길어질수록 사람이 경험하는 우울증의 양상은 두 갈래로 분명해집니다. 하나는 깊은 허무에 빠지는 것입니다. 우울이 깊어져 사는 게 사는 것 같지 않다고 느낍니다. 쓰나미처럼 몰려오는 불안으로 수면의 질이 떨어지거나 왠지 모를 허둥댐과 긴장감에 휩싸여 살아가게 됩니다. 또 하나의 갈래는 분노에 허덕이는 것입니다. 될 대로 되라는 식의 파괴적 성향을 나타냅니다. 예민하고 거칠고, 조그마한 자극에도 과격하게 반응합니다. 이러한 우울한 감정의 극단적 양상과 함께, 다양한 기분장애와 불안장애, 특히 공황장애 등을 경험하기도 합니다.

이때 차분히 앉아 잠시 복식호흡을 몇 차례 한 뒤, 몸에 서서히 힘을 줬다 뺐다를 반복하는 에드문드 제이콥슨의 '점진적 근육긴장 이완기법'을 실시하면 좋겠습니다. 이를 잠시 설명하자면,

1) 먼저 오른손에 힘을 주어 주먹을 꼭 쥡니다. 하나에서 여덟을 천천히 세며 주먹이 부르르 떨릴 때까지 꼭 쥡니다. 다시 하나에서 여덟을 세며 천천히 주먹을 풀며 근육을 이완시킵니다.
2) 동일한 방법으로 왼손의 근육을 긴장-이완 시킵니다.
3) 동일하게 오른팔, 왼팔 전체에도 실시합니다.
4) 같은 방법으로 오른발의 근육을 긴장-이완시킵니다. 발의 경우는 손처럼 쥘 수 없으므로 발가락을 오므리듯 합니다.
5) 동일한 방법으로 왼발의 근육을 긴장-이완시킵니다.
6) 오른 다리, 왼 다리에도 실시합니다.
7) 괄약근^{항문근육}에 힘을 줬다 이완시킵니다.
8) 복부의 근육을 긴장-이완시킵니다.
9) 가슴의 근육을 긴장-이완시킵니다.
10) 안면의 근육을 긴장-이완시킵니다.

11) 마지막으로 몸 전체의 근육을 긴장-이완시킵니다.

여기까지가 한 세트입니다. 1에서 11까지 두 번을 더 실시합니다. 긴장-이완을 할 때는 부드럽게 복식호흡을 하려고 노력해야 합니다. 이렇게 전체 세 세트, 약 25분 정도를 실시하면 몸과 마음에 안정감을 갖게 될 것입니다. 그리고나서 차분히 앉아 자신의 정서를 정리하면 좋겠습니다.

사람의 감정은 크게 네 가지 군으로 구분할 수 있는데, 기쁨, 슬픔, 분노와 불안입니다. 해당 감정을 느끼는 상황을 각각 스무 가지씩 적어봅시다. 예를 들어, 기쁨이라는 감정이 언제 발생하는지 그 상황을 스무 가지 적어보면, 그 안에 어떤 패턴을 발견합니다. 혼자 있을 때 기쁘다든지, 혹은 어떤 생산적인 일을 할 때 기쁘다든지 하는 자신만의 독특한 패턴을 발견할 것입니다. 자신의 마음 안에 형성된 기쁨의 모습을 이해할 수 있을 것입니다. 마찬가지로 나머지 감정들도 구체화해 보아야 합니다. 또한 자신에게 유의미한 사람들에 대한 솔직한 느낌을 적어보는 것도 필요합니다. 노트 각 장의 맨 위에 자신의 주 양육자 아버지 어머니, 혹은 할아버지 할머니, 삼촌, 이모 등와 자신에게 가장 큰 영향을 끼친 사람 가운데 긍정적인 인물 한 사람과 부정적인 인물 한 사람을 선택해, 그 사람에 대한 자신의 느낌을 가감 없이 적어보는 것입니다. 여러 가지 미묘한 복합 감정들을 느낄 수 있기에 글을 쓰는 것 자체가 부담이 될 수 있지만, 그렇게 하면 현재 자신의 모습을 객관화하여 발견하게 됩니다. 이때 사람은 정서-심리적 회복을 경험하게 됩니다. 무의식의 의식화를 정신역동이론에서는 치료라고 합니다. 혼란한 현재이지만 자신의 마음을 글로 정리하면 치료받는 것과 같은 정서적 위안을 경험하게 된다는 것입니다.

이렇게 영성 및 정서관리를 통해 스스로 회복을 경험한 그리스도인은, 그리스도인으로서 정체성을 공동체 회복의 매개로 확장시킬 수 있어야 합니다. 즉, 공동체를 위한 섬김을 실천하는 것입니다. 이 섬김을 위해 먼저 그리스도인은 '나'라는 아집에 매몰되어 내 생각만을 주장하는 거친 마음을 극복해야 합니다. 특히 집이라는 작은 공간에 모여 예배도 하고 생활도 하다보면 자연스레 가족 간 의견충돌이 생기고 감정의 골이 생길 수 있습니다. 이때 가족 구성원의 이야기를 잘 듣는 '경청'을 연습해야 합니다. 나와 생각이 다르더라도 끝까지 듣습니다. 그리고 의견이 다를 때에는 화를 내거나 상대를 비난하는 것이 아니라, '나-언어'I-language를 사용하여 소통해야 합니다. '나-언어'는 상대에게 나를 강요하는 폭력이 아닙니다. 나에 대한 사용설명서를 친절하게 제공해 주는 것을 뜻합니다. 잘못이 상대에게 있는 것이 아님을 말해줍니다. 내가 가진 경험을 나누며 상대의 이야기가 내게 어떻게 들려지고 있는지를 설명하는 것입니다. 그렇게 가족 구성원 하나하나를 존중하며 배려할 줄 아는 사랑을 연습해야 합니다.

또한 그리스도인은 '우리'라는 폐쇄적 함정에 빠지지 않아야 합니다. 모이는 예배건 흩어지는 예배건, 개 교회의 형편에 따라 결정한 예배의 형식에 대해 서로 비난하지 않아야 합니다. 우리만 옳다는 오만의 함정에 빠지지 않아야 합니다. 심지어 신천지에 빠진 사람들이라고 할지라도 품을 수 있는 포용성을 가져야 합니다. 사실 그들이 이단의 늪에 빠진 것은 우리에게 큰 책임이 있기 때문입니다.

더 나아가 그리스도 교회공동체의 일원으로 세상을 섬겨야 합니다. 바울의 권면처럼 우리 주님이 가까우심을 알아 우리가 가진 관용과 배려를 세상 모든 사람에게 알게 하는 것입니다빌 4:5. 즉 선교적 여유와 배려를 실천하는 것입니다. 굳이 필요가 없다면 마스크를 사는 줄에 서지 않습니다. 혹 조금의 여유가 있다면 손세정제를 나눕니다. 택배하는 분들에게 간식이나 음료를 대접합니다. 마스크 너머로 미소 짓고 인사를 나눕니다. 위생과 복지의 사각지대에 있는 사람들을 찾아 내가 가진 위생용품을 나누거나, 필요한 도시락과 생필품을 배달합니다. 음료를 격려의 글과 함께 건네는 것입니다.

조금 더 큰 시각에서는 코로나19 사태로 어려워진 많은 사람을 실질적으로 도울 수 있으면 좋겠습니다. 특히 경제적으로 어려워진 많은 사람을 위해 우리의 가난한 지갑을 열어 더 가난한 사람에게 나눌 수 있는 섬김을 실천하길 제안합니다. 형편에 따라 관리비와 월세를 깎거나 받지 않습니다. 모금에 참여하거나 재능을 기부합니다. 현재 규모가 작은 많은 교회는 재정적인 큰 압박 가운데 있습니다. 형편이 그나마 괜찮은 교회가 힘든 개척교회나 작은 교회의 월세를 감당할 수 있으면 좋겠습니다. 교회들이 예배 및 주일학교 성경공부 자료를 공유하는 상호 섬김을 실천하면 좋겠습니다. 더 나아가 코로나19 감염증으로 힘들어하는 나라들을 위해 기도해야 합니다. 과거사와 상관없이 보낼 수 있다면 성금과 물품을 보내고, 관심을 가져야 합니다. 특히 형제요 자매인 교회들을 위해 코로나19 상황에서 우리가 터득한 예배의 노하우나 원격 화상 및 그룹채팅 등 성경공부의 기술을 나눠야 합니다. 우리가 만든 다양한 동영상과 녹음된 자료들, 인쇄된 출판물들을 해외의 선교지와 목회지에 보낼 수 있어야 합니다. 이러한 사랑의 나눔을 통해 그리스도인으로서 자긍심과 정체성을 세워야 할 것입니다.

마지막으로 포스트 코로나, 즉 코로나19 감염증 사태 이후를 대비해야 합니다. 재난과 위기의 상황이기에 공공의 건강과 생명, 성도들의 안전을 위해 많은 교회가 흩어지는 교회 디아스포라의 모습을 갖게 되었습니다. 그런데 재난 상황이라 할지라도 그 상황이 길어지면 사람은 그에 적응합니다. 심지어 그 상황에 의미를 심고 즐기기까지 합니다 예: 스톡홀름 증후군. 다시 교회에 모여 예배와 성경공부, 여러 가지 사역을 하게 된다면, 그 기쁨도 잠시, 모이는 것에 대한 어색함과 피로감에 지칠 것입니다. 이때 모이는 교회 에클레시아로서 성경적이며 신학적인 분명한 의미를 가져야 합니다. 예수님께서 승천하신 후, 그리스도 공동체는 모이기를 힘썼습니다. 전심으로 모여 기도하고 찬송할 때, 성령 하나님께서 역사하셨습니다[행 2:1-4]. 성령님의 역사하심은 아무래도 믿음의 공동체인 모이는 교회에 더욱 강렬함을 알아야 합니다[행 2:46-47; 4:32-33]. 또한 히브리서는 성도의 모임에 대하여 믿는 도리의 소망을 굳게 잡는 모습이라고, 더 나아가 서로 돌아보기 위해 또 사랑과 선행을 격려하기 위해 필수적인 모습이라고 말합니다[히 10:23-25]. 물론 흩어지는 교회[디아스포라]의 성경적-신학적 의미 역시 무척 중요합니다. 그러나 박해와 위기, 재난 상황이 아닐 때, 인간의 죄성은 흩어져 홀로 있는 상황에서 우리를 게으름과 변병, 나태와 자기합리화의 함정에 빠지게 할 수 있음을 간과해서는 안 될 것입니다.

더불어, 앞서 신천지와 같은 이단에 빠진 사람들에 대한 포용을 언급했지만, 이에 대한 보다 체계적이고 구체적인 대처가 필요합니다. 특히 신천지 이단은 와해될 개연성이 큽니다. 이때 이단에서 돌아온 이들을 품는 관용과 함께, 우리 안에 무엇이 문제였는지에 대한 바른 성찰이 있어야 합니다. 우리의 신앙이 문자주의에 빠지지 않았었는지, 성과를 중시하는 번영신학에 취했었던 것은 아닌지, 복음에 대한 바른 교육이 있었는지, 보다 건강하고 깊은 성경공부에 대한 제공은 있었는지 돌아보아야 합

니다. 그리고 말씀을 온전하게 가르치는 기독교 교육체
계를 굳건하게 세워야 할 것입니다.

　　지금까지 한 사람의 실천신학자로서 부족한 생각을
나누었습니다. 이 글이 목회현장에서 코로나19 사태로
텅 빈 예배당에서 눈물로 기도하고 아파하는 목사님들
께, 그리고 이 상황을 어떻게 받아들여야 하는지, 또 도
대체 무엇을 해야 하는지 혼란스러워하는 성도님들께 부
족하지만 도움이 되기를 소망합니다.

　　장로회신학대학교 역시 전국에서 모여드는 학생들
의 안전과 공공의 유익을 위해 학사 일정을 연기하고, 4
월 중순까지 강의를 온라인 원격 화상강의로 전환하고,
예배도 디아스포라예배^{온라인예배}를 드리고 있습니다. 예배
를 담당하는 경건교육처장이라는 보직을 맡아 예배 순서
자만 참여하는 디아스포라예배를 지금까지 여덟 차례 드
렸습니다. 텅 빈 한경직기념예배당에서 눈물을 흘렸습니
다. 부활주일 이후에는 모든 학생이 예배당에 모여 예배
할 수 있기를 소망하며, 코로나19로 신음하는 이 땅을 고
쳐달라고 가슴 아프게 기도했습니다. 설교하시는 교수님

이나 순서를 맡은 분들이 눈물로 예배하는 모습을 보면서 마음이 먹먹했습니다. 주님께서 우리를 불쌍히 여기시기를 기도했습니다. 부족한 인생이기에 이러한 위기 상황이 도래한 이유를 정확히 잘 모릅니다. 하지만 어떤 상황에서도, 어떤 순간에서도 예배자로 살아내야 한다고 생각했습니다. 재난의 현장에서 혼란스러워하고 불안해하며 한숨 쉬고 눈물 흘리는 우매한 한 사람의 예배자이지만, 정신을 차리고 우리의 예배를 멈춰서는 안 된다고 생각했습니다. 하나님께서 이 재난의 현장에 우리와 함께 계시며 우리를 위로하시며 고치실 것이라고 믿었기 때문입니다시 86:17; 103:3; 147:3; 렘 31:13; 슥 1:17; 마 9:35; 막 1:34; 눅 7:21; 롬 15:5; 고후 1:1-7. 그리고 이 코로나19 상황을 어떻게 바라보아야 하는지, 또 우리는 무엇을 해야 하는지를 생각하게 되었습니다. 위기 앞에서 어쩔 줄 몰라 하는 연약한 인생이지만 우리가 경험하는 이 시간을 인내하며 외치고 싶었습니다. 우리 하나님은 사랑이십니다! 사랑합니다! 우리의 마음과 생각이 모든 지각에 뛰어난 하나님의 평강으로 가득하기를 소망합니다빌 4:7.

다음 문헌을 참고했습니다.

권석만. 『우울증』. 서울: 학지사, 2002.

박현순. 『공황장애』. 서울: 학지사, 2000.

이상억. "목회자의 탈진예방을 위한 자기 돌봄의 목회상담방법론 제언." 『장신논단』
      50-5 (2018. 12): 195-222.

이용승. 『범불안장애』. 서울: 학지사, 2002.

Jacobson, Edmund. *Progressive Relaxation*. Chicago: University of Chicago Press,
      1938.

재난을 이기는 영성:
자기를 내어주는 사랑과 기도

김경은

장로회신학대학교 교수 | 영성

올해는 노벨 문학상 수상자 알베르 카뮈[1913-1960]가 타계한 지 60주년이 됩니다. 카뮈는 무신론적 실존주의자이지만 코로나19라는 신종 바이러스 감염증 사태가 심각해지면서 그의 소설인 『페스트』[1947]가 새롭게 주목받고 있는 현실입니다. 이 소설은 페스트[흑사병]라는 재앙이 덮쳐 폐쇄되어 고립된 도시 오랑을 무대로 재난과 그 속에 존재한 사람들의 이야기입니다. 이야기를 통해 카뮈는 페스트에 대처하는 다양한 인간의 모습을 보여줍니다. 절망에 빠진 채 상황으로부터 도피하려는 사람도 있지만, 죽음의 공포 속에서도 성실하게 자신의 자리에서 최선을 다하려는 사람과 자원봉사자들을 모아 보건대를 구성하여 페스트와 맞서 싸우며 상황을 극복하려는 사람도 있습니다. 소설의 결말은 희망을 잃지 않는 인간의 연대의식이 재난을 뛰어넘는 힘이 된다는 것이지만, 또 한편으로는 누구도 피해갈 길 없이 죽음을 맞는 현실 속에서 인간의 한계와 나약함도 분명히 보게 됩니다.

의사로서의 사명을 다하려는 리유가 신을 믿지 않는다고 말하는 대목에서 알 수 있듯이 이 소설은 기독교적 해답을 제시하지는 않습니다. 하지만 인간의 공통경험에 관한 이야기를 통해 코로나19에 대처하는 교회와 그리스도인들에게 큰 의미를 주는 지점은 확실히 있습니다. 그리고 한편으로는 과학과 의학이 발전하고 인간의 가능성이 점점 커진다 해도, 인간은 결국 창조주가 아닌 피조물이라는 신학적 명제를 더욱 깊이 인정하게 합니다.

개인과 공동체에 닥치는 재난은 크게 질병, 전쟁, 테러, 자연재해, 경제위기 등이 있습니다. 이런 재난은 구체적인 상황은 다르게 나타날지라도 본질적으로는 하나의 모습을 보여줍니다. 한 일간 신문의 3월 4일자 기사에 따르면 국민의 60%가 코로나로 일상의 반 이상이 멈췄다고 토로하며, 이로 인해 분노감이 3배로 증가했다고 호소합니다. 갑작스럽게 닥친 재난은 분노 이외에도 혐오, 이기심, 타인에 대해 무정해지는 현상을 쉽게 동반합니다. 카뮈가 말하듯 '페스트는 모든 사람에게서 사랑의 능력, 심지어 우정을 나눌 힘을 빼앗아가 버렸기' 때문에 영혼이 황폐해지고, 자기 중심성이 강화되는 것입니다. 자기 중심성의 강화는 하나님 사랑과 이웃 사랑이라는 기독교의 근본 가치가 경시되는 문제점을 가져옵니다. 다른 한편으로는, 개인뿐 아니라 확대된 자기 중심성으로 교회 중심적 사고를 하기 쉽습니다. 그러나 이런 위기 상황일수록 그리스도인들은 디트리히 본회퍼가 말하는 '타자를 위한 그리스도', '타자를 위한 교회'에 대해 깊이 생각할 필요가 있습니다. 자신과 자신이 속한 공동체의 편의보다는 더 큰 공동체의 유익을 생각하며 사회의 공동선을 위한 선택과 결정에 민감해져야 하는 시기이기 때문입니다.

기독교 영성의 핵심은 예수 그리스도를 따르는 제자도입니다. 예수님은 '나를 따르라'는 부르심을 통해 그리스도인들이 가야 할 길을 제시하셨습니다. 예수님을 따르는 제자의 길은 그리스도인의 존재 이유이자 궁극적인 목적이 됩니다. 기독교 영성의 역사는 두려움과 절망이 짙게 드리운 어둠의 시간일수록 그리스도인의 정체성과 소명은 더욱 빛나야 한다는 것을 말합니다. 교회사에 나타난 영성가들의 삶이 그랬습니다. 그들은 하나님의 뜻에 온전히 일치되는 삶을 살기를 갈망했습니다. 그 갈망은 시대의 요청에 응답하는 방식으로 표현되었습니다. 그래서 어떤 시기에는 자신을 온전히 하나님께 내어드리기 위해 독거와 금욕적 삶, 침묵과 기도생활에 헌신하는 수도자들이 나타났습니다. 또 다른 시기에는 사람들을 향한 사랑과 헌신으로 자신의 전부를 내어놓는 희생적 삶을 살았던 영성가들이 나타나기도 했습니다. 이 글에서는 온전한 그리스도의 제자가 되기를 간절히 원했던 몇몇 영성가의 흔적을 살펴보면서, 전 세계적으로 두려움을 몰고 온 코로나19 사태에서 오늘의 그리스도인들은 어떤 영성으로 이 재난을 마주해야 하는지 성찰하고자 합니다.

그리스도인의 소명 : 두려움을 이기는 사랑의 실천

초대교회

사회학자이자 비교종교학자인 로드니 스타크에 따르면, 기독교가 형성되고 확장되어 가던 로마 시대에도 가공할 전염병이 여러 차례 로마제국 전역을 강타했고, 전염병으로 인한 정책의 변화는 역사에도 큰 영향을 끼쳤습니다. 165년 마르쿠스 아우렐리우스 황제 통치기에는 서구 최초의 천연두인 것으로 의심되는 전염병이 돌면서 15년 동안 로마제국 인구의 1/4 또는 1/3이 사망했다고 합니다. 251년에도 홍역으로 생각되는 전염병이 동일한 파괴력을 지니고 다시 한번 제국을 휩쓸었다고 합니다. 이런 전염병은 세속 역사뿐 아니라 기독교 역사에도 크게 영향을 끼쳤습니다.

고대 교부들은 이런 상황에서 기독교 공동체가 견지할 태도에 대해 선포하였는데, 카르타고의 감독이었던 키프리안은 251년 역병 당시 기독교 공동체는 사랑의 실천이라는 소명에 충실할 것을 권고했습니다. 죽음의 공포를 두려워하지 않고 하나님에 대한 신앙으로 사는 기독교인들의 사랑과 헌신은 이방 종교나 그리스 철학이 줄 수 없었던 위로를 주었고, 기독교 신학은 세상의 학문이 설명하지 못하는 종말과 미래에 대한 비전을 제시했습니다. 또한, 알렉산드리아의 감독이었던 디오니시우스의 부활절 서신을 보면 기독교는 초기부터 사랑과 선행의 가치관으로 공동체 결속과 사회봉사에 헌신했고, 재앙이 닥쳤을 때는 더 훌륭하게 대처했다고 합니다. 그 결과로 '월등히 높은 생존율'을 이루어냈다고 하는데, 이것은 기독교 공동체가 사랑과 헌신으로 서로를 돌보았기 때문이라고 합니다. 또한, 많은 사람이 전염병 지역을 떠나는 상황에서도 떠나지 않고 함께 머물면서 주위의 이방인들에게도 구제의 손길을 펼치며 도왔기 때문에 매번 전염병이 휩쓸고 간 후에는 기독교인의 비율이 오히려 늘어났다고 합니다.

수도원: 파코미우스

기독교의 사랑과 선행의 가치관은 수도원 역사를 통해서도 드러납니다. 수도원 운동이 시작된 이집트에는 세 가지 형태의 수도원이 있었는데, 하나는 개인적으로 혼자 수도생활을 하는 독수도자 또는 은수도자였습니다. 또 하나는 공동체로 함께 모여 살면서 수도생활을 하는 수도자들이었고, 세 번째는 각자의 수도처에 홀로 머물면서 기도와 단순한 노동을 하다가, 일주일에 한 번 토요일에 공동체로 모여 예배와 기도 그리고 애찬을 함께 하는 수도 형태였습니다.

　전염병과 관련된 이야기는 수도사들이 공동생활을 하며 영성훈련과 교육을 하는 회수도원 혹은 공주수도원을 시작한 파코미우스에게서 발견됩니다. 292년에 이교도 가정에서 태어난 그가 기독교인이 된 계기는 군대에 징집되어 가던 중 경험한 그리스도인들의 사랑과 섬김 때문이었습니다. 이후 콘스탄틴 황제의 칙령으로 징집이 면제되어 집으로 돌아가던 길에 세네세트라는 아주 작은 마을에서 파코미우스는 그 마을에 정착하라는 하나님의 부르심을 경험하게 됩니다. 부르심에 순종하여 그 마을에 머물면서 세례를 받고 그리스도인이 된 얼마 후, 그 마을에 전염병이 창궐하면서 많은 사람이 죽게 되었습니다. 그때 파코미우스는 자신이 경험한 그리스도인들의 사랑으로 마을 사람들을 보살피며 하나님이 치유의 은혜를 베푸실 때까지 봉사했습니다.

　전염병이 사라진 후 파코미우스는 마을을 떠나 본격적인 수도생활을 시작하게 됩니다. 처음에는 독수도자의 길을 걷고 싶었지만, 그를 따르며 함께 수도 생활을 하고 자 하는 사람들이 많아지면서 파코미우스는 공동체를 이루게 됩니다[323년경]. 그리고 통일된 영성과 질서 있는 생활을 위해 규칙을 만들고 그에 따라 수도공동체를 이끌어가면서 파코미우스 수도원은 여러 개의 수도원과 많은 수도사가 소속된 수도원 연합으로 성장하게 됩니다.

그러다 345년에 전염병이 닥쳤고, 이로 인해 많은 수도자와 함께 파코미우스도 60세의 나이로 사망하게 됩니다. 파코미우스 수도원 연합의 모든 공동체에서 여러 지도자와 수도자들이 사망했는데 모두 고열이 나면서 갑자기 안색이 변하고 눈이 충혈되고 숨이 막히며 사망했다고 합니다. 그 당시 9개의 남자수도원과 2개의 여자수도원이 파코미우스 수도공동체 연합에 속해 있었는데, 중심 수도원이었던 프보우 수도원에서만 130명이 사망했습니다.

파코미우스는 수도원 전체를 이끄는 수도원장이었음에도 투병 기간에 모든 특별 대우를 거절하고 오히려 다른 형제들에게 좋은 것들을 양보하며, 다른 형제들과 똑같이 간호를 받았습니다. 이것은 다른 사람을 정성으로 돌보는 사랑에 못지않은 희생적 사랑입니다. 다른 사람을 자신보다 먼저 섬기며 자신을 내어주는 사랑이기 때문입니다. 파코미우스 공동체 외에 베네딕트 수도원과 아우구스티누스 수도원 같은 다른 수도원에서도 그 기본 정신은 겸손에 바탕을 둔 차별 없는 형제 사랑이었습니다. 형제간의 서로 사랑과 이방인에 대한 환대의 영성을 보여준 초기 수도원은 이 땅에서 이루어질 수 있는 하나님 나라의 이미지를 부분적으로나마 그려볼 수 있게 합니다.

아시시의 성 프란치스코

그리스도의 지상에서의 삶을 완전하게 구현하기를 갈망했던 아시시의 성자 프란치스코는 수도생활 동안 한센병^{나병} 환자들에게 봉사하기를 즐겨 했습니다. 그는 구약의 이사야서에서 묘사하는 고난받는 종의 모습인 예수님에 대한 사랑과 나병환자를 고치신 예수님을 본받기 위해 그들을 돌보았고, 수도원의 형제들에게도 세상에 다니면서 만나는 나병환자들을 잘 돌볼 것을 명령했습니다. 프란치스코는 그리스도께서 복음서에서 하신 것처럼 어떤 사람의 육신의 병을 고칠 때 하나님은 그 사람의 영혼도 치유하신다는 것을 믿으며 나병환자들의 영혼을 위해 기도했습니다.

　어느 날 프란치스코는 너무 괴팍해서 다른 사람들이 돌볼 수 없는 나병환자를 만나게 됩니다. 그는 그 환자에게 악령이 들렸음을 알았고 경건한 마음으로 하나님께 기도한 후, 향기 나는 풀을 끓인 물로 그 환자의 온몸을 깨끗하게 씻어주었습니다. 프란치스코의 거룩한 손이 나병환자의 몸에 닿자 하나님의 기적이 일어나 프란치스코의 손이 닿는 곳의 모든 상처가 사라지고 피부가 깨끗하게 나은 것은 물론이고, 내적으로도 영혼이 치료되면서 그 환자는 자신의 죄를 뉘우치며 슬프게 울었습니다. 이 이야기는 전염병을 비롯한 모든 질병으로 고통당하는 사람들의 육체 치료와 함께 영혼의 치유를 위해 기도해야 하는 것이 그리스도인들의 임무임을 다시 한번 생각하게 합니다.

최흥종 목사 : 한센병 환자들의 아버지

　한국 기독교 영성가 가운데 나환자들의 아버지로 칭송되는 최흥종 목사[1880-1966]에 대해 살펴보는 것은 의미 있는 일입니다. 금욕적 영성과 사회적 공동선 실천을 균형 있게 살고자 했던 모범을 보여주기 때문입니다. 1914

년 평양신학교에 입학하여 목사가 된 후 그는 광주 양림
교회에서 목회하며 광주 YMCA를 설립했습니다.

　　당시에는 한센병 환자^{나병환자}가 많았는데 사람들이 감
염을 두려워하며 돌을 던지던 한센병 환자를 의사였던 와
일리 포사이트 선교사가 자신의 나귀에 태워 광주까지 데
리고 오고 직접 부축하는 것을 보면서 예수 사랑의 위대
함을 깨닫게 된 최흥종 목사는 평생을 가난한 사람들과
병든 사람들을 위해 헌신하게 됩니다. 그래서 한국나환
자근절협회를 창설해 나환자들을 돌보았고, 40명이 지낼
수 있는 최초의 나환자 집단 정착촌을 지어 서로 위로하
며 살 수 있는 터전을 만들어주었습니다. 당시 전국의 한
센병 환자가 1만8천여 명에 이르렀지만, 그들을 돌보는
시설은 2,400명만을 수용할 수 있었습니다. 광주에 건립
한 나환자 병원으로 전국에서 나환우들이 몰려들면서 결
국은 여수로 옮기게 되는데, 이곳이 오늘날의 애양원이
되었습니다. 또한, 정착할 곳이 없었던 나환우들의 주거
지 마련을 위해 '구라행진'^{求癩行進}을 단행하게 됩니다. 이것
은 나환우들과 함께 광주에서 서울까지 행진하여 조선총
독부 앞에서 집단 시위를 한 일인데, 시작할 때 150명이
었던 행진단은 서울에 도착했을 때는 400명 이상이 되었

다고 합니다. 또한, 그는 소록도에 있는 나환자 수용소의 시설 확장과 치료 및 갱생의 길을 열어 달라고 요구하여, 그 결과로 오늘날의 소록도 나환자 갱생원 설립의 계기가 마련되었습니다.

3.1운동 주동 혐의로 1년 4개월의 옥고를 치르기도 했던 최흥종 목사는 명예욕, 물욕, 성욕, 식욕, 종교적 독선까지 '다섯 가지 집착으로부터의 해방'을 뜻하는 '오방'을 자신의 호로 정했고, 무등산에 오방정을 지어 홀로 살면서 금욕적인 생활을 했습니다. 지상에서 살 만큼 살았다고 생각하자 1966년 2월 10일부터 단식에 돌입하여 95일 만인 5월 14일 하늘로 떠났습니다. 자신과 가정의 삶보다는 나환자들과 부랑자들을 껴안고 살았던 그의 장례식은 광주 최초의 시민장으로 치러졌습니다. 그의 삶은 자신보다 하나님의 뜻에 더 민감한 사람의 예수 사랑은 어떤 장애물도 이겨나가는 힘이 있다는 것을 보여줍니다.

재속 수도생활: 세상 속에서 수도자처럼 기도하며 살기

코로나19로 인해 교회의 예배조차 어려워지면서 개인 영성생활과 가정에서의 신앙훈련의 필요성이 특히 중요하게 제기되고 있습니다. 집에서 보내는 시간이 많아지면서 재속 수도생활_{재가 수도생활}에 대한 관심이 커졌다고 하는 사람들도 있습니다. 어떻게 하면 이 시간을 하나님과 깊은 교제의 시간으로 채울 수 있을까에 대한 갈망이 일어나기 때문입니다. 영성가들 가운데에도 전염병의 시기에 사람들과 떨어져서 기도 생활을 깊이 하는 중에 영성가로 형성되는데 중요한 영적 체험을 하는 일도 있었습니다. 로욜라의 이냐시오가 만레사 동굴로 간 것도 당시 퍼진 흑사병 때문에 예정했던 길을 갈 수 없었기 때문이었습니다. 하지만 만레사 동굴에서 보낸 1년간의 기도와 신비경험은 그의 영성에 핵심이 되었습니다.

"그럼에도 모든 것이 잘될 것이다"All shall be well 라는 계시를 받은 것으로 잘 알려진 영국의 여성 영성가 노리치의 줄리안1342년 출생이 활동한 때는 흑사병으로 유럽 인구의 1/3이 사망하고, 영국 인구는 절반으로 줄었다고 합니다. 그리고 흑사병 외에도 십자군 전쟁 후 민생의 파탄, 영국과 프랑스 간의 백년전쟁[1337-1453], 영국의 정치적 혼란들로 인해 매우 암울한 시대였습니다. 줄리안은 평신도 여성 신비가였습니다.

1373년 5월 13일 병으로 사경을 헤매던 줄리안은 16가지의 환상을 보게 되고 이때부터 줄리안 교회에 부속된 집에서 은둔생활을 하면서 이 계시들을 토대로 기도와 영성지도의 삶을 살게 됩니다. 이런 이유로 그녀의 이름이 줄리안으로 불린 것으로 알려져 있습니다. 줄리안은 침묵과 기도로 일과를 보내면서, 자신의 거처에 나 있는 작은 창문을 통해 영성지도나 충고를 구하는 사람들과 대화하며 하나님의 사랑의 신비를 전했습니다. 줄리안은 사랑 때문에 예수님이 자원하여 인간이 되시고 고난받으셨으므로 자신도 주님이 당하신 고난을 동일하게 경험하기를 간절히 구했습니다. 환상을 통해 그녀는 예수님의 수난을 직접 경험하면서 그 수난의 이유는 하나님의 사랑이고, 이 사랑으로 인해 죄와 고통에도 불구하고 결국은 모든 것이 잘 될 것이라는 만물의 궁극적 회복에 대한 계시를 받게 됩니다. 이것은 절망과 두려움이 만연한 시대에도 하나님의 사랑은 희망의 미래를 가져올 것이라는 약속이었습니다.

오늘날에도 평신도들 가운데에 세상 속에서 복음에 충실한 삶을 살면서 하나님께 헌신된 삶을 추구하고자 하는 사람들이 많이 있습니다. 그들은 세상 안에서 그들의 가정과 직장생활을 유지하며 자신들의 고유한 소명을 감당하고, 세상 속에 하나님 나라를 세워가는 일에 헌신합니다. 대한성공회에서도 2005년에 재속회를 설립하여 열심 있는 평신도들이 소속감을 더 굳게 하고 각자의 영성을 깊게 유지하면서 보다 적극적으로 세상에 투신할 수 있도록 돕고 있습니다. 그들은 재속회 회원들이 일상의 삶을 영위하면서도 예수 그리스도 안에서 충실히 살아가도록 기도와 교육을 통해 영성 생활을 지원하고 있습니다.

코로나19가 주는 교훈은 어떤 영성으로 살아야 하는가에 대한 것입니다. 코로나19로 인해 외적으로 사회적 거리두기 실천에 모두 동참해야 하는 시기이지만, 중보 기도와 상호돌봄 등을 통해 마음으로는 더욱 가까워지는 영적 접촉에 열심을 내야 합니다. 거룩한 성령님의 만지

심이 병든 육체의 치료와 함께 상처 입은 영혼을 치유하기 때문입니다. 그리고 피조물로서의 한계성을 인정하는 자기인식이 있어야 합니다. 다른 무엇보다도 사랑으로 세상을 창조하신 하나님께 대한 신앙을 회복하고, 우리는 하나님의 형상으로 창조된 존재라는 정체성을 깊이 인식해야 합니다. 그래서 물질의 풍요로움에 안주하여 하나님 없이 살아가는 것을 두려워하지 않는 세태를 회개해야 합니다. 그리고 겸허함을 가지고 자신을 성찰하며, 이웃을 위해 기도하고 사랑해야 합니다.

또한, 하나님을 우선으로 하며, 하나님의 사랑과 부르심에 응답하는 삶을 살아야 합니다. 이를 위해 하나님과의 관계 성장에 관심을 두는 영성 생활을 더욱 열심히 해야 합니다. 개인적인 기도훈련과 말씀 묵상, 이웃과 공동체를 위한 중보기도를 매일 실천해야 합니다. 그리고 자기를 넘어 타인을 향한 환대, 이웃과 공동체의 유익을 구하는 공동체적 영성을 함양하고, 사회적 공동선에도 적극적으로 참여해야 합니다. 이를 위해 긍휼과 연대, 용납과 감사를 생활화해야 합니다. 일상 속에서의 이런 실천을 통해 우리는 더욱 영적으로 성숙한 그리스도인, 그리스도의 제자도에 충실한 그리스도인으로 자라갈 수 있을 것입니다.

다음 문헌을 참고했습니다.

노리치의 줄리안. 『하나님 사랑의 계시』. 엄성옥 옮김. 서울: 은성, 2007.
로드니 스타크. 『기독교의 발흥』. 손현선 옮김. 서울: 좋은씨앗, 2016.
알베르 카뮈. 『페스트』. 김화영 옮김. 서울: 민음사, 2011.
조현. 『울림: 한국의 기독교 영성가들』. 서울: 한겨레출판사, 2004.
파코미우스. 『파코미우스의 생애』. 엄석역 옮김. 서울: 은성, 2010.
성 프란치스꼬. 『성 프란치스꼬의 잔 꽃송이』. 프란치스꼬회 한국관구 옮김. 왜관:
　　분도출판사, 1998(신정판).

재난과 교육목회, 위기의 한복판에서
혁신의 길을 발견하다

신형섭
장로회신학대학교 교수 | 기독교교육

    세계적인 기독교 연구조사기관인 라이프웨이 리서치의 대표인 에드 스테쳐와 톰 라이너는 이 시대의 주목할 만한 교회 현장들을 연구하고 분석하며 다음과 같은 선언을 하였습니다. "변해야 할 고통보다 변하지 않을 때 받게 되는 고통이 더 클 때 우리는 변한다." 코로나19 사태로 인하여 한국 교회 교육목회의 생태계는 이전과 같을 수 없는 급격한 변화의 현장에 서게 되었습니다. 주일예

         재난과 교회 | 코로나19 그리고 그 이후를 위한 신학적 성찰

배를 교회가 각 가정 혹은 제한된 공간에서 드리게 되었고, 주일예배 이후의 성경공부는 물론이고 주중 신앙양육과 소그룹모임마저도 온라인이나 영상을 통하여 대체되는 현실이 되었습니다. 스테쳐와 라이너의 선언처럼 한국 교회는 이러한 위기와 변화 앞에서 '변하지 않으면 받게 될 고통'이 더욱 큰 현실 앞에 마주하며 스스로 변화의 고통을 새로운 여정으로 걸어가고 있습니다.

변화가 선택이 아닌 필수가 되어버린 한국교회

사실 이러한 새로운 변화에 적응하고 있는 한국 교회는 지난 이십여 년 전부터 스스로 변하지 않으면 쇠락할 수밖에 없다는 현실적인 통계와 경고들을 자주 마주해왔습니다. 교육목회 현장에서는 1990년대 중반부터 한국 교회의 다음세대가 세상으로 물밀 듯 빠져나가고 있음을 암시하는 '조용한 출애굽 현상'silent exodus이 지적이 되어왔으며, 2010년부터는 공식적인 통계자료예장통합에서도 교회학교 다음세대의 숫자가 전년도보다 줄어들기 시작하여 작년까지 지속적으로 감소해온 것이 보고되었습니다. 한

마디로 '이전에 하던 대로' 하면 안 되는 긴급한 위기의 상황이 이미 우리의 현실이 되었습니다.

익숙하던 것에 머물지 않고 늘 하나님의 현재적인 음성과 방법에 주목하고 순종하며 따라가게 하심은 성경을 통하여 우리에게 보이신 하나님의 교육법이었습니다. 그래서 하나님은 늘 새로운 인도하심을 통하여 그의 백성이 자신에게 익숙한 것에 삶의 걸음을 멈추지 않게 하시고 그것을 도리어 하나님의 크신 지혜와 능력의 통로로 바꾸셨습니다. 출애굽한 부모세대가 경험한 홍해를 건너는 방법과 그 자녀세대가 경험한 요단강을 건너는 방법이 달랐으며, 또한 광야에서 만나와 메추라기를 먹으며 살았던 부모세대의 삶의 방법과 가나안땅에 들어와서 추수하며 살아가던 자녀세대의 삶의 방법이 달랐습니다. 이러한 시대를 통하여 새로운 삶의 방식을 인도하심은 하나님의 백성으로 하여금 은혜를 경험했던 방법에 익숙해지는 것이 아니라, 그 은혜를 부어주신 하나님만을 더욱 알아가고 따라가게 하기 위함이었습니다. 이 여정을 통하여 하나님의 백성은 이전에 하던 대로가 아닌 지금 우리에게 말씀하시는 하나님만을 주목하며 새로운 일을 행하시는 하나님과 함께 창조적이고 혁신적인 삶을 살아내는 감격과 용기를 가지게 되었습니다.

혁신적인 시도,
중간고점이 최고점으로 가는 여정

오직 하나님께만 주목함으로 익숙한 것으로부터 새로운 삶으로 인도하셨던 것을 생각해 볼 때, 경영전략가인 세스 고딘이 설명하는 중간고점 이론은 우리에게 매우 의미 있는 메시지를 던져줍니다. 고딘은 한 공동체가 성장하여 중간고점에 다다른 이후 많은 경우 계속 성장하기보다는 정체 혹은 침체되는 시기를 맞이하게 된다고 말합니다. 왜냐하면 이들이 경험했던 중간고점은 대체로 리더와 공동체가 기존에 가지고 있던 역량과 경험을 집중함으로 성취하게 된 성장의 한계치이기 때문에, 만일 이 중간고점에서 자신의 경험을 넘어선 새로운 시도를 하여 자신이 변화하지 않으면 더 이상 성장하지 않거나 오히려 침체의 길로 내려가는 경우가 많게 됩니다. 게다가 이 경우가 중간고점까지 큰 실패 없이 올라간 상황이라면 더더욱 지금까지 시도해왔던 방법이 그들에게는 가장 익숙하며 안전하다고 믿어지기에 중간고점의 정체기는 마침내 침체기로 넘어갈 가능성이 높아지게 됩니다. 그러기에 바로 이 시점에 자신이 익숙하고 편안한 것만을 반복하는 경우는 그 노력에도 불구하고 점점 더 아래로 쇠락하는 경우가 많습니다. 반대로 정체의 시기를 변화의 시기로 이해하고 현실 상황을 보다 면밀히 해석하고 연구하여 이전과는 다른 창의적이고 새로운 시도를 하는 경우에는 도리어 이전에 경험한 중간고점보다 더욱 높은 지점까지도 올라갈 가능성이 높아집니다. 물론 이러한 창의적인 시도에는 여전히 높은 실패 가능성이 전제되지만, 만일 새로운 시도를 통하여 이전과 다른 길을 찾아낸다면 바로 그 자리가 한계를 뛰어넘어 성장할 수 있는 또 다른 최고점에 이르는 또 다른 시작점이 됩니다.

저는 1970년대 이후로 경험한 한국 교회가 경험한 놀라운 부흥의 여정은 오직 하나님의 능력과 은혜로 부어 주신 중간고점의 시기였다고 생각합니다. 바로 그 중간고점에서 한국 교회가 계속하여 성장의 길로 나가지 못하고, 정체와 침체의 길로 들어선 이유 중 하나는 오직 하나님의 현재적인 음성과 인도하심에 주목하여 새로운 길을 내시는 하나님을 온전히 따르지 못하고, 지난 부흥의 향수에 머무르며 안주했기 때문이 아닌가 생각합니다. 이러한 관점에서 지금 한국 교회가 마주하고 있는 코로나 19 사태라는 큰 위기는 중간고점으로서의 부흥기를 지나 침체기로 가고 있던 한국 교회가 다시금 그 걸음을 멈추어 '이전에 하던 대로'가 아닌 혁신적인 목회로 새롭게 나아가는 기회가 되리라 소망합니다. 참으로 감사한 것은 코로나19 사태라는 큰 혼란과 고통 중에도 하나님은 은혜를 베푸사 많은 교회로 하여금 복음 안에서 새로운 목회적 시도들을 실천할 수 있도록 인도하셨습니다. 이제 저는 코로나 19사태를 통하여 교육목회현장에서 다시금 발견하게 하신 단상과 앞으로도 계속 실천해 나가야 할 복음적이고 혁신적인 시도들을 여러분과 함께 나누고자 합니다.

믿음의 부모세대,
자녀들에게 하나님을 말하기 시작하다

코로나19 사태로 주일예배를 각 가정 혹은 제한된 공간에서 드리게 되면서, 많은 기독가정 안에서는 부모세대와 자녀세대들이 오랜만에 한 자리에서 주일예배를 드리게 되었습니다. 많은 가정에서 부모들이 성인예배를 드린 후에 자녀들과 어린이 혹은 청소년예배에도 함께 참여하여 드리는 경우가 있었습니다. 여러 교회가 예배 후 성경공부 자료를 부모들에게 보내며 그들이 가정의 신앙교사로서 해야 할 역할을 부여하고, 부모들은 예배 후에 자녀들에게 성경과 신앙을 전수하는 공과활동을 인도하기도 했습니다. 이러한 주일예배 이후에 많은 부모가 참으로 오랜만에 자녀들과 하나님에 대하여 나누고 생각하는 시간을 가졌다고 고백하였습니다.

사실 자녀세대에게 말씀과 기도를 가르치는 것은 교회학교에 위탁할 과제가 아닌 부모세대가 책임지고 실천해야 할 성경적 정언명령입니다. 1919년에 발간된 목사지법에도 "주일학교는 그 부모의 가르치는 것을 보충하는 것이니 부모가 그 책임을 내려놓고 그 선생이 다 할 수 없느니라."고 적혀 있습니다. 에베소서 6장 4절에 기록된 "네 자녀를 노엽게 하지 말며 오직 주의 교훈과 훈계로 양육하라."는 권면도 교회학교 선생님께 주어진 말씀 이전에 믿음의 부모들에게 우선적으로 주어진 말씀입니다. 쉐마 명령신 6:4-9도, 사무엘을 지도자로 세우시며 에스라와 느헤미야를 통하여 이스라엘을 다시 회복시키실 때에도, 그리고 신약성경에 선언된 초대교회의 부모세대를 향한 명령을 주실 때에도 하나님께서 믿음의 다음세대를 회복하시는 첫 시작은 부모세대로 하여금 먼저 하나님 앞에 회복되고 자신이 경험한 하나님을 자녀세대에게 전하라는 것이었습니다.

그런데 기독교교육학자인 티모시 폴 존스 교수가 북미 지역에 사는 4만 명의 기독부모를 대상으로 조사한 연구자료에 의하면 오늘날 믿음의 부모 중에서 79%는 가정에서 자녀들과 하나님에 대하여 거의 나누고 있지 않거나 특별한 사건이 있을 때만 나누고 있다고 보고하고 있습니다. 최근 한국의 기독부모를 대상으로 설문조사의 결과 역시 많은 자녀가 부모로부터 성경과 기도를 배워본 경험이 없다고 보고하고 있습니다. 언제부턴가 한국 교회의 부모세대가 자녀에게 성경과 기도를 가르치는 것이 어색해졌으며, 자녀와 하나님에 대한 이야기를 나누는 것이 특별한 일이 되었습니다. 그러나 코로나19 사태를 통하여 다시금 가정이 발견한 신앙전수의 사명은 많은 기독부모들로 하여금 가정의 신앙교사로서의 성경적 정체성을 다시금 회복하게 하였고, '오래된 그러나 새로운' 신앙교육의 자리로 나아가게 하였습니다.

연대하는 교회,
공동체적인 협력으로 하나님 나라를 세워가다

코로나19 사태가 교육목회의 현장에 새롭게 가져온 변화 중 하나는 교회들이 서로 주변 교회의 다음세대 양육 상황과 필요를 돌아보기 시작했다는 것입니다. 물론 이전에도 많은 교회가 다양한 연합과 협력을 통해 교회와 세상 안에서 하나님 나라를 아름답게 세워왔지만, 적어도 지역교회의 다음세대 신앙양육의 현장에서 교회 간의 공동체적인 연대와 지원은 상대적으로 제한적이었습니다. 그런데 코로나19 사태로 인하여 온라인 예배준비와 교회학교 부서별 가정 신앙활동 자료제공이 더 이상 선택이 아닌 필수가 되어버린 상황에서 여러 교회가 자신의 교회에서 제작한 교육컨텐츠들을 필요한 교회들과 나누기 시작했습니다.

대표적인 예로서, 지난 3월 초 코로나19 사태로 갑작스레 온라인 예배와 가정 주일학교를 드리기로 결정되었을 때, 자체적으로 제작한 예배와 교육 컨텐츠를 마땅한 대안을 마련하지 못한 교회들과 함께 나누고자 한 '교육자료 나눔운동'^{이하 '교나동'}이 시작이 되었습니다. 교나동은 코로나19 사태로 주일예배를 가정에서 드리는 상황일지라도 다음세대 신앙양육은 멈춰질 수 없음을 함께 공유한 여러 교회가 자발적으로 시작한 공동체적 교회연대운동으로 시작했습니다. 참여한 교회들은 장로회신학대학교 기독교교육연구원의 유튜브와 페이스북을 플랫폼으로 삼아 온라인 설교영상자료, 주중 가정 신앙활동자료, 사순절 절기자료, 교사와 부모기도문 등 다양한 교육컨텐츠들을 오픈소스로 공유하였습니다.

교나동 운동에 함께 했던 저는 이 운동에 참여한 교회들이 코로나19 사태에서 보여준 아름다운 연대와 공동체적 돌파의 모습을 보며, 그간 교회학교교육이 극복하지 못했던 개교회주의와 교회별 교육 양극화를 해소할 수 있는 소망의 길을 보게 되었습니다. 이 운동에 참여한 교회들은 자발적으로 교회의 로고 없이 많은 교회가 교육컨텐츠를 편하게 사용할 수 있도록 배려하였고, 나아가 교육컨텐츠를 제작하는 첫 단계부터 자신의 교회만이 아닌 다른 교회들이 사용할 수 있게 만드는 수고를 기꺼이 감수했습니다. 교나동 운동에 참여한 교회 대부분은 이 사태가 정리된 후에도 지속적으로 한국교회를 위한 교육컨텐츠 나눔운동에 참여하기로 하였으며, 또한 몇몇 교회들은 이미 한국교회를 위한 오픈소스 교육컨텐츠 개발을 공동개발을 시작하였습니다. 전에는 어려웠던 교회 간의 이러한 아름다운 공동체적 협업과 연대의 혁신적 시도는 중간고점에서 침체하던 한국교회가 또다른 최고점으로 올라가는 길을 찾는 변곡점이 되고 있습니다. 교나동을 통하여 새롭게 걷기 시작한 교회간 협업과 연대는 이제 교육컨텐츠 제작과 나눔을 넘어서 한국교회가 지역과 사회와 열방을 향한 선교적 교회로서의 다양한 현장의 부르심과 사명 앞에 하나님 나라를 하나의 거룩하고 사도적인 공동체로서 함께 세워가는 소망을 보여주었다고 생각합니다.

초연결과 초개인화의 디지털 세상, 올라인All-Line 미래목회를 준비하다

코로나19 사태를 통하여 한국 교회를 비롯하여 한국

사회 전체가 경험한 변화 중 하나는 온라인 세상에 이전
보다 더 빠르게 익숙해지기 시작한 것입니다. 언젠가 경
험할 미래 교회의 단면이라고 생각되던 온라인 예배는 어
느덧 우리가 마주하는 일상이 되었고, 제가 섬기고 있는
신학교 수업은 물론이고 새벽경건회와 교수회의까지도
모두 온라인으로 진행되고 있습니다. 물론 한국 사회는
이미 세계 최고의 인터넷 점유율과 세계 최초 5G 시대를
열어왔기에 디지털 세상이 우리에게 친숙한 것은 사실입
니다. 인공지능, 사물인터넷, 빅데이터, 클라우드 등 지
능과 기술과 제조가 함께 융합되어 우리 삶의 전반을 바
꾸어가고 있는 4차산업혁명 역시 이미 우리 삶의 경제와
문화, 산업과 교육, 의료와 예술까지 강력하게 영향을 미
치고 있음은 주지의 사실입니다. 그러나 코로나19 사태
를 맞이하면서 많은 교회와 부모세대가 마주한 현실은 목
회 안에서 일상의 디지털 미디어를 읽고, 해석하고, 생산
해내는 디지털 문해력의 부족함이 초개인화와 초연결화
의 삶에 익숙한 다음세대에게 탄력적이며 적극적으로 목
양하기에 아직 합당한 준비가 되지 못했다는 것입니다.

　　실제로 우리나라 성인들의 스마트폰 보급률과 사용
률이 최고이지만, 반면 ICT 정보통신 기술 능력과 디지

털 리터러시 역량은 당황스럽게도 OECD 최하위에 머물러왔음은 이미 많은 연구조사가 한국 사회와 교회에 경고해왔던 점입니다. 게다가 지금 한국 사회는 태어날 때부터 스마트폰을 경험하고 자라난 다음세대와 그 이전에 출생한 부모세대 간의 디지털 리터러시와 ICT 활용의 격차는 점점 더 커다란 차이를 보이고 있습니다. 이제 한국교회는 디지털 공간과 미디어를 다음세대 목회의 중요한 삶의 자리와 통로로 재해석하고 응답해야 합니다. 만일 우리의 목회가 온라인상에서 시간과 공간을 초월한 복음적이며 매력적인 교육컨텐츠를 제공하며, 더불어 오프라인상에서 전인격적이며 공동체적인 예배와 양육, 교제와 봉사가 강력하게 세워지는 이른바 온라인과 오프라인이 융합된 '올라인 목회'All-line Ministry가 될 수 있다면 어떠한 새로운 일들이 일어날까요? 다윗 시대에 "시세를 알고 이스라엘이 마땅히 행할 것"대상 12:32을 아는 리더들을 통하여 새로운 시대를 준비하고 나아가게 했던 것처럼, 이 시대에 디지털 공간을 거룩한 하나님 나라의 지평으로 세워가는 걸음은 새로운 변화의 기회가 되리라 생각합니다.

다시 돌아갈 일상,
새로운 목회 매뉴얼을 준비하라

지금은 우리는 코로나19라는 재난 상황 앞에서 교회에서 마음껏 예배할 수도 없고, 기도할 수도 없고, 모여 교제할 수도 없는 간절한 시기를 살아가고 있습니다. 그러나, 이 어려움이 정리되면 우리는 분명 일상이라는 은혜의 삶으로 돌아가게 될 것입니다. 가정에서 드리던 주일예배를 비롯하여 새벽예배, 수요예배, 금요예배를 다시 교회에 모여서 드리게 될 것이며, 가정에서 부모를 통해 진행되어오던 성경공부와 신앙교육 활동은 교회학교 선생님들과 함께 예전처럼 교회학교 공간에 모여서 진행될 것입니다. 코로나19 사태로 인하여 하나님께서 우리로 하여금 발견케 하시고, 걸어가게 하셨지만, 반면 그간 경험해왔던 온라인 주일예배와 축소된 신앙활동이 어느새 삶의 익숙함으로 남아서 예전에 우리가 가지던 신앙의 열정과 역동성이 줄어들 가능성도 있음을 우리는 주목해야 합니다. 적지 않은 회중들은 코로나19라는 재난 상황에서 제한적으로 드려왔던 가정 온라인 주일예배를 회중 자신의 상황에 따라 쉽게 선택 가능한 주일예배의 옵션으로 오해할 수도 있습니다. 또한 축소되어 참여해오던 교회 안에서의 각종 교제와 봉사와 양육의 모임 역시 다시 예전만큼 참여하도록 동기부여하는 데 어려울 수도 있습니다.

바로 이러한 상황은 언젠가 우리에게 닥칠 일이 아니라 코로나19 상황이 정리되는 그날 바로 경험하게 될 임박한 미래의 일입니다. 그렇다면 우리는 무엇을 준비해야 할까요?

1) **신앙 기본기 점검**: 재난 상황을 거쳐 일상으로 돌아온 회중들의 신앙 기본기를 다시 점검해야 합니다. 하나님의 말씀 앞에서 교회는 무엇이며, 왜 모여야 하는가? 예배는 무엇이며 어떻게 드려야 하는가? 성도의 부르심은 무엇이며 어떠한 삶이 요청되는가? 코로나 19사태로 인하여 자칫 약화하거나 오해되기 쉬운 성도의 신앙생활의 기본기를 주일예배와 주중 목양을 통하여 세밀히 점검하고 든든히 재정비해야 합니다.

2) **혁신적 시도의 실천**: 코로나19 사태로 새롭게 발견케 하시고 걸어가게 하신 혁신적 시도들을 멈추지 말고

계속 실천해야 합니다. 교회와 가정이 연계하여 주일과 주중에 신앙전수를 실천하는 세대 간 제자화 여정은 교회학교가 정상화될지라도 계속해서 힘써 지켜나가야 할 성경적 부르심과 실천입니다. 교회가 연대하여 공동체적인 협력을 통해 하나님 나라를 함께 세워가는 것 역시 앞으로도 계속 실천해 나가야 할 목회적 응답입니다.

3) **목회적 사각지대의 회중 돌봄**: 코로나19 사태로 인하여 그동안 다양한 관점에서의 목회적 사각지대에 있던 회중들을 세심히 살피고 목양하여 그들 모두가 건강하고 안전한 신앙생활로 회복할 수 있도록 도와주어야 합니다. 물론 온라인 예배와 가정 신앙활동의 소외계층이 회중 안에 얼마나 있는지 확인하고 돌보는 것은 지금도 계속해야 할 목양적 과제이지만, 일상의 삶으로 돌아온 이후에는 더욱 다각적으로 회중들의 가정과 일터, 건강과 영성, 기도 제목과 삶의 형편을 더욱 살피고 보듬어 안아야 합니다.

4) **재난 대응매뉴얼 준비**: 앞으로도 언제든 마주할 수 있는 또 다른 재난을 준비해야 합니다. 홍수와 지진

등과 같은 자연재해, 안보, 금융, 통신 시스템의 사회적 혼란, 질병과 전염 등 다양한 재난을 대비한 목회적 대응 매뉴얼이 준비되어야 합니다. 이러한 재난 앞에 교회와 지역사회는 어떤 관계와 협력을 맺어나가야 할지, 어떠한 목회적인 우선순위와 목양을 실천해야 할지, 다음세대를 위한 교육목회는 어떠한 기관들과 협력하며 신앙교육이 멈추지 않고 지속하도록 도울 수 있는지 교회는 세밀하고 친절한 대응목회 매뉴얼을 준비되어야 합니다.

앞으로 한국 교회가 코로나19 사태라는 위기의 한복판에서 하나님의 음성과 인도하심을 분별하며 발견케 하신 새로운 혁신과 부흥의 길을 힘차게 걸어가기를 간절히 바랍니다.

다음 문헌을 참고했습니다.

Godin, Seth. *Small Is the New Big*. New York: Penguin, 2006.

Poushter, Jacob, Caldwell Bishop, and Hanyu Chwe, *"Social Media Use Continues to Rise in Developing Countries but Plateaus Across Developed Ones."* *Pew Research Center* (2018.6). https://www.pewresearch.org/global/2018/06/19/social-media-use-continues-to-rise-in-developing-countries-but-plateaus-across-developed-ones/ (2020.3.24. 접속)

Stetzer, Ed, and Thom S. Rainer. *Transformational Church*. Nashville: B&H Publishing Group and Lifeway Research, 2010.

곽안련. 『목사지법』 京城: 朝鮮耶穌教書會, 1919.

부록

신종 코로나바이러스^{COVID-19} 로 고통을 겪는 교회를 향한 위로와 권면의 서신

우리를 위해 죽으시고 부활하신 주 예수 그리스도의 이름으로 문안드립니다. 신종 코로나바이러스^{COVID-19} 감염증 사태가 우리를 위협하지만 모든 지각에 뛰어난 하나님의 평강이 우리 모두의 마음과 생각을 지키시기를 기도합니다^{빌 4:7}.

코로나19 감염질환 사태가 2020년 2월 26일 오후 4시 기준, 국내 확진환자 1,261명, 사망자 12명, 전 세계

확진환자 79,807명, 사망자 2,746명에 달해, 수많은 사람들이 고통당하고 있습니다. 더욱이 감염질환 전문가들은 대유행의 조짐을 경고하고 있습니다.

**이러한 상황 속에서 그리스도인들은
하나님의 섭리를 어떻게 받아들여야 할까요?**

이번 사태를 계기로 창조세계 안에 있는 인간의 연약함을 깨닫고, 하나님께서 창조하신 피조세계의 회복을 위해 기도해야 합니다. 우리의 이기심, 부족함과 죄악이 만든 수많은 폐해를 참회하며, 주님이 허락하신 자연과 환경을 보존하고 건강하게 계승하는 일에 전심을 다해야 합니다.

**대한민국 국민으로서의 그리스도인들은
어떻게 해야 할까요?**

"우는 자들과 함께 울라"롬12:15고 말씀하신 주님의 마음으로, 고통 중에 있는 자들을 위로하고 간절히 기도하는 우리가 되기를 바랍니다.

기독 공동체는 인간의 연약한 한계 상황을 마주했을 때 이에 반드시 응답해야 한다고 아우구스티누스는 말합니다. 인간 공동체를 향한 하나님의 관점에서 말한다면, 기독교인들이 공동체의 평화와 안전 그리고 생존을 위한 생활의 토대에 헌신할 때 하나님의 사랑과 돌봄이 드러난다고 보았습니다. 따라서 기독 공동체는 그리스도의 사랑을 실천해야 합니다. 절망과 실의에 빠진 사람들에게 소망의 하나님을 바라볼 수 있게 해야 합니다[빌4:1]. 경제적, 사회적으로 어려움을 겪고 있는 상대적 약자들과 질병에 취약한 계층을 위해 기도하고 돌보는 일에 용기를 내야 합니다. 고통 가운데 있는 환우들과 이를 돌보는 의료진과 봉사자들을 도와 감염증 퇴치와 예방에 앞장서야 합니다. 이것은 예배의 정신과 가치를 확장시키는 것이며, 복음을 구현하는 일이며, 하나님 나라의 확장을 위해 일하는 것이기 때문입니다.

예배는 어떻게 드려야 할까요?

다중밀집 공간에서 짧은 시간 급속히 확산되는 특성 때문에 많은 교회가 각종 모임을 비롯하여 주일예배까지도 제대로 드릴 수 없는 상황을 마주하고 있습니다. 이럴 때 우리는 주님이 세우신 교회를 위하여 기도하되, 한 장소에 모이지 못할지라도 각자 처한 형편에서 "영과 진리로 예배할"요 4:24 수 있기를 바랍니다.

예수님께서는 안식일마다 회당을 찾으셨습니다마 12:9; 막 1:21; 3:1; 6:2; 눅 4:16; 6:6; 13:10 등. 하나님과 늘 함께하셨던 임마누엘 예수님이셨지만마 1:23, 임의로 예배하지 않으셨고 회당을 찾아 함께 예배하셨습니다. 그렇지만 장소에 지나치게 방점을 두어서도 안 될 것입니다. 예수님께서는 장소가 아닌요 4:20-21 영과 진리로 예배하는 것이 중요하다고 말씀하셨기 때문입니다요 4:23-24. 그러므로 예배의 본질은 "영과 진리로 드리는 것"이며, 구별된 장소와 신앙 공동체를 찾는 것은 주님을 본받는 거룩한 행위로 이해해야 할 것입니다.

2세기 이후 교회는 안식일이 아니라 주일을 지키는 전통이 자리 잡았습니다. 그러므로 안식일이든 주일이든

"하나님께 예배하는 날"이라는 정신은 변함이 없습니다. 다만, 감염질환 사태라는 현[現] 시국의 엄중함을 생각할 때, 우리는 무엇이 교회 공동체와 이웃을 위한 예배의 자세인지 생각해 보아야 합니다. 예수님은 "안식일에 선을 행하고, 생명을 살리는 것이 옳다"고 가르치셨습니다[막 3:4; 눅 6:9]. 병을 고치고 생명을 살리는 행위는 안식일의 거룩성[聖守]을 저해하지 않는다는 뜻입니다[마 12:10]. 그래서 예수님처럼 주일에도 생명을 살리는 일에 앞장서야 합니다. 그것이 참된 주일성수입니다. 문자적이고 형식적인 규정에 치우쳐 생명을 귀중히 여기지 않는다면, 이는 바리새인의 자세와 다를 바 없습니다[마 12:14]. 모이기를 폐하는 습관은 결코 용납될 수 없지만[히 10:25], 생명을 살리고 치유하기 위해 교회와 성도는 현명한 선택을 해야 합니다.

역사적으로 교회는 국가적, 사회적 재난과 위기 상황에서 주일예배의 방식과 형태를 각 시대의 교회 문화와 통념에 맞게 임시적으로 취해왔습니다. 종교개혁자인 칼뱅은 교회가 비록 지역적으로, 또 개별적으로 흩어져 존재하지만, 그들은 그리스도의 복음과 성령 안에서 하나의 교회를 이룬다고 보았습니다. 이는 오늘의 한국 교회가 처한 상황에 비춰볼 때 시사점이 크다 하겠습니다. 각자 흩어져 드리는 예배가 비록 물리적으로는 한 몸을 이루지 못하나, 신앙고백과 참회, 성경읽기와 해석, 감사와 찬양, 봉헌과 결단, 파송의 내용을 동일하게 실행할 때, 이것이 그리스도의 말씀과 성령 안에서 한 몸으로 묶는 예배이기 때문입니다. 따라서 재난 상황하에 있는 교회는 공동모임에서 교회의 의미와 예배의 권위를 찾을 것이 아니라, 흩어진 예배자들을 묶으시고 세우시는 말씀의 능력과 성령님의 역사 안에서 권위와 의미를 찾아야 합니다.

이러한 다짐을 담아 코로나19 감염질환 확산방지를 위한 주일예배 지침을 제안하고자 합니다. 다만 이것이 **이례적이며 임시적인 대응**임을 잊어서는 안 될 것입니다.

기존 교회예배

1) 교회는 각기 처한 상황에 맞게 예배를 조정 합니다.
   어떤 예배를 어떻게 유지, 중단, 간소화할지 자체 기준을 마련합니다.
   주일예배 : 주중모임들과 차등을 두어 고려합니다.
   주중모임 : 예배모임 → 교육 → 친교모임 순으로 차등화합니다.

　　　재난과 교회 | 코로나19 그리고 그 이후를 위한 신학적 성찰

동원되는 목회 인력을 최소화(장례를 비롯한 특수한 경우 예외)합니다.

2) 예배 : 참여자 상호 간의 위생유지를 어느 정도까지 할 것인지 정합니다.
사회적 거리두기(2m 거리두기), 마스크 착용, 손세정제 비치, 실내공기 환기 등

3) 예배를 간소화할 경우
유지할 순서 정하기 : 개회선언, 기도, 찬양, 설교, 봉헌, 축도, 폐회기도 등
생략할 순서 정하기 : 악수례, 세례－성찬, 통성기도, 안수기도 등

4) 설교
설교자의 비말을 통한 감염가능성을 줄이기 위해 최대한 시간을 줄입니다.
설교자와 성도 간의 거리가 가까울 경우, 설교자도 가급적 마스크를 착용합니다.

5) 예배 전 찬양, 성가대의 찬양

순서를 중창이나 독창으로 축소하거나 생략합니다.

7) 다음세대 교회학교

예배와 가정신앙교육 자료를 부모들에게 전달하여
주일 성경공부가 멈추지 않도록 도와야 합니다.

디아스포라^{재택} 주일예배

성도들이 가정에서 미디어나 예배자료로 주일예배
를 드리는 경우, 이것이 주일에 드리는 가정예배가 아니
라 가정에서 드리는 주일 공예배임을 강조해야 합니다.
즉 현 사태 앞에서 교회가 취하는 주일예배의 대응이 특
수상황에 따른 임기응변이 아닌, 생명의 보호와 돌봄이
라는 신앙적이며 사회적 보편가치를 지키려는 교회의 책
임 있는 태도라는 것입니다.

디아스포라^{재택} 주일예배를 가정에서 자녀들과 함께
드리는 경우, 예배 전에 부모가 미디어 혹은 예배자료를
통해 집에서 예배를 드리는 이유를 알려주어 자녀들이 적
극적으로 예배에 참여할 수 있게 인도합니다.

미디어 영상을 통한 디아스포라^{재택} 주일예배

실시간 중계가 불가능할 때 녹화 중계를 고려합니다. 목회자가 개인 스마트기기로 예배내용을 촬영하거나 육성을 녹음하여 성도들에게 파일을 전송합니다. 실시간 실황이든 녹화든 중요하지는 않습니다. 성도들이 주일 정한 시간에 함께 예배를 시작하고 같은 시간에 예배를 마친다는 데 그 의미가 있기 때문입니다.

예배자는 TV나 영화를 보듯이 자신의 공간에서 지켜보고, 구속받지 않기 때문에 예배에 집중하기 어렵습니다. 따라서 미디어를 통한 올바르고 질서 있는 디아스포라^{재택} 예배를 위해 다음과 같은 사항을 고려하시기 바랍니다.

1) 성도들에게 예배준비와 예배자세에 관한 구체적인 수칙들을 안내합니다.
   - 영상으로 예배드리는 공간을 정숙하게 구별할 것
   - 디아스포라^{재택} 예배자의 옷차림
   - 예배에 집중하기 위한 장애요소를 제거할 것

2) 설교시간을 평소보다 줄이고(15분 이내), 전체 예배시

간은 35분을 넘지 않도록 합니다.

3) 예배 시작 5분 전, 마음을 모아 기도로 예배를 준비
하게 합니다.

4) 예배순서에 성도들의 응답 부분을 강조합니다.
(예배에 집중하기 위해)
- 기원기도, 신앙고백, 죄의 고백, 성경봉독 후 응
답, 찬송, 봉헌 등

5) 봉헌
교회의 금융계좌로 송금하는 방식도 좋으나, 예배의
정신을 살리고 올바른 참여를 위해 예배공간에 봉헌
봉투와 작은 접시(바구니)를 준비하여 봉헌시간에 헌
금을 그곳에 올리도록 하고, 예배 후 모아서 교회계
좌로 송금하는 방법이 좋습니다.

6) 축도(폐회기도) 후, 1-2분간 개인기도로 예배를 마무
리합니다.

예배문을 통한 디아스포라^{재택} **주일예배**

미디어 중계가 현실적으로 어려운 교회들이 시행할 수 있는 대안으로서, 교회가 제작하여 제공한 예배문에 따른 디아스포라^{재택} 주일예배를 뜻합니다.

1) 교회
   - 통일된 예배문을 제작하여 인쇄물이나 혹은 SNS를 통해 가정별로 제공합니다.
   - 예배인도를 위한 수칙과 지침을 제공합니다.
   - 예배는 간소화한 형식으로 30분을 넘지 않도록 합니다.
   - 찬양 : 반주 없이 쉽게 인도하고 따라 부를 수 있는 곡으로 합니다.
   - 예배문은 인도자용과 예배자용 두 종류로 작성합니다.
     인도자용 : 예배 부름, 기원 기도, 죄의 고백, 설교문, 봉헌기도, 교제와 소식, 폐회 기도와 파송 등 진행 문구를 포함한 예배문
     예배자용 : 인도자의 내용을 뺀, 예배의 내용이 담긴 예배문

2) 가정

- 가정별로 예배인도자 한 사람을 정합니다.
- 예배 시작 5분 전에 기도로 마음을 모으도록 합니다.
- 말씀 : 인도자는 교회가 제공한 목회자의 설교문
  을 대독하거나, 설교자의 설교영상이나 음성파일
  을 다운받아 청취합니다.
- 폐회기도 후, 1-2분간 개인기도로 예배를 마무리
  합니다.

그리스도의 생명 사랑과 배려의 정신에 따라 기존 교회예배, 디아스포라^{재택} 예배를 드리지만 예배의 감동과 의미를 잃지 않기를 소망합니다.

주님께서 걸어가신 십자가의 길 ^{via Dolorosa}을 묵상하며 부활 신앙을 다짐하는 사순절^{四旬節}, 모든 교회가 주님 안에서 평강 누리시기를 다시 한 번 기도합니다.

2020년 2월 27일
장로회신학대학교